이슬람금융의 힘

이슬람금융 발전 현황과
실무 활용 가이드

ISLAMIC

이슬람금융의 힘

— 김종원 지음 —

FINANCE

21세기북스
www.book21.com

우리나라에서도 이슬람금융에 대한 관심이 높아지고 있다. 이슬람금융이란 무엇인가? 이슬람금융은 '이슬람권'에서 생겨나 성장한 금융으로 샤리아(Shariah, 이슬람법)의 가르침에 따르는 금융 거래이다. 이슬람금융을 말할 때는 샤리아라는 말이 반드시 등장한다. 샤리아는 '사람의 길'이라는 의미로 이슬람교의 근간이 되는 사고방식을 말한다. 샤리아는 꾸란(Quran)과 순나(Sunnah)를 법원(法源)으로 한다.

최근 미국발 금융 위기로 뉴욕과 런던, 프랑크푸르트 등 서방의 주요 금융 중심지들이 자금 공급원의 기능을 제대로 수행하지 못하면서 이슬람금융이 새로운 자본 조달원으로 눈길을 끌고 있다. 실물 거래가 수반된 금융만을 허용하는 이슬람금융은 파생금융상품의 무분별한 판매로 인해 빚어진 오늘날의 글로벌 금융 위기 극복에 새로운 대안이 되고 있는 것이다.

우리나라에서도 2009년 1월 금융감독원과 이슬람금융 서비스위원회(IFSB)가 공동 주최한 이슬람금융 세미나가 개최되었다. 이어 2009년 4월 정부는 민관 합동으로 이슬람금융 도입을 위한 태스크포스팀을 구성하였다. 태스크포스팀은 기획재정부와 금융위원회, 법무부를 비롯해 대기업 재무 담당자와 은행 등 금융회사 투자업무 담당자 등으로 구성되어 이슬람금융의 도입을 위한 준비를 하고 있다. 정부에서는 향후 ●비이슬람 국가들의 이슬람금융 도입 모범 사례 ●이슬람 감독 당국의 회계 기준 및 재무 건전성 기준 ●이슬람금융 윤리 기준인 샤리아 율법 등을 연구하는 한편, 이슬람금융 활용을 위한 전문 인력 양성, 홍보 강화 등 제반 지원책을 강구해 나갈 예정이라고 한다.

한편 2009년 12월 두바이 국영기업인 두바이월드가 채무불이행을 선언함으로써 중동시장의 자금경색과 함께 이슬람금융에 대해서도 우려하는 목소리가 커지고 있다. 그러나 이러한 우려의 상당 부분은 이슬람권 자금과 이슬람금융의 혼동에서 비롯된 바가 크다고 보며, 현지 이슬람금융 전문가 등의 의견을 들어보면 오히려 중동시장에서는 두바이월드 사태로 이슬람금융의 강점이 부각되고 있는 것으로 보인다.

이와 같이 이슬람금융에 대해 관심이 제고되고 있으나 우리나라에서 이슬람금융에 대한 교육 기회나 정보를 얻는 것은 쉽지 않다. 이러한 점을 고려하여 필자는 이슬람금융 관련 업무를 하면서 얻은 실무적인 정보와 경희대학교 경영대학원의 이슬람금융 과정 교재 등을 정리하여 이 책을 쓰게 되었다. 이 책의 주요 내용은 다음과 같다.

첫째, 이슬람금융의 기본적인 거래 방식과 이슬람금융의 발전 과정에 대해 살펴보았다.

둘째, 이슬람금융의 새로운 표준 설정 등의 역할을 담당하는 이슬람금융 국제기구들에 대해 알아보았다.

셋째, 이슬람금융의 주역인 이슬람 금융기관과 이슬람 투자펀드에 대해 정리해보았다.

넷째, 주요국의 이슬람금융 현황에 대해 살펴보았다. 이 중에서 이슬람금융의 선진국인 말레이시아의 사례에 대해서는 보다 구체적으로 다루었다.

다섯째, 이슬람금융의 발전에 기여하는 샤리아 컨설팅회사 등 이슬람금융 주변 산업에 대해 살펴보았다.

여섯째, 우리나라의 이슬람금융 도입 현황에 대해 알아보았다.

이슬람권 경제의 규모 등 여러 가지 면을 고려해 볼 때 향후 이슬람금융의 성장 가능성은 매우 크다고 본다. 우리나라는 2008년 서브프라임 모기지 사태로 인한 금융 위기로 외환 부족 현상이 심화되자 정부 및 금융기관들이 이슬람금융에 관심을 보였었다. 하지만 외환 문제가 거의 해결된 지금, 외환 조달 창구로서 이슬람금융에 대한 수요는 많이 사라진 상황이다. 따라서 일시적인 자금 조달 창구가 아닌 장기적인 안목으로 이슬람금융에 접근하여야 할 것이다. 그리고 자금 운영의 측면에서 이슬람금융의 활용을 검토할 필요가 있다. 예를 들면 2009년 한국전력공사가 수주한 UAE의 원자력공사 (ENEC) 프로젝트 관련 자금 조달에 우리나라 금융기관들이 이슬람 금융 방식으로 참가하는 방안도 가능할 것이다.

아무쪼록 이 책이 이슬람금융을 이해하고 활용하는 데 미력이나 마 올바른 길잡이 역할을 할 수 있기를 기대한다.

2010년 2월 12일

김 종 원

차례

제3장
이슬람 금융기관

제4장
이슬람 투자펀드

제5장
주요국의 이슬람금융 발전 현황

제6장
말레이시아의 이슬람금융 현황

제7장

이슬람금융 주변 산업 :
이슬람금융 우리가 지휘한다

제8장

우리나라의 이슬람금융
도입 현황과 과제

이슬람금융의 기본 개념

ISLAMIC FINANCE

우리에게 익숙한 전통금융(Conventional Banking)에서 이자(Riba)는 모든 금융 거래의 기본이라고 할 수 있을 정도로 중요한 요소임에 틀림없다. 그러나 이자 수수를 금지하는 이슬람법의 가르침에 따르는 이슬람금융에서는 이자를 수수하지 않는 형태로 금융상품이 만들어진다. 이 외에도 이슬람금융은 전통금융과는 여러 가지 면에서 구별된다. 이 장에서는 우선 이슬람금융의 기본적인 개념, 이슬람금융의 거래 형태, 그리고 이슬람금융의 발전 과정에 대해 설명하고자 한다.

1
이슬람금융이란 무엇인가

이슬람금융이란 이슬람법인 샤리아(Shariah)에 근거한 금융 거래를 말한다.[1] 이슬람금융은 이슬람권에서 생성되고 발전한 금융제도이나, 최근에는 비이슬람권에서도 활성화되는 등 국제 금융시장에서 빠르게 성장하고 있다. MIFC(Malaysia International Islamic Financial Centre)에 의하면 이슬람금융은 매년 15~20% 이상 그 규모가 성장하고 있다고 한다.[2]

이러한 이슬람금융은 다음과 같은 점에서 전통금융과 구별된다.[3]

---

1 〈Basic Concepts and Principles of Islamic Banking〉 참조. 웹사이트 www.bankinginfo. com.my는 말레이시아 중앙은행이 운영하는 사이트로 이슬람금융에 대한 정보를 제공하고 있다.
2 〈Value Propositions for Issuers and Investors〉, MIFC, pp4.
3 Trek S. Zaher and M.Kabir Hassan, 〈A Comparative Literature Survey of Islamic Finance and Banking, Financial Markets〉, Institutions & Instruments, V.10, No.4, November 2001.

첫째, 이슬람금융의 가장 큰 특징은 금융 거래시 이자를 수취하지 않는다는 것이다. 이슬람법에서는 금전의 자기증식을 의미하는 이자(Riba)를 부당이득으로 간주하여 금지하기 때문이다. 이에 따라 이슬람금융에서는 자금 제공자에게 이자대신 실물 자산의 매매 또는 리스 계약에 따른 수수료나 사업 투자를 통한 손익 분배 방식을 이용하여 대가를 지불한다.

둘째, 비도덕적 거래를 금지하고 있다. 비도덕적 상품 및 서비스에 대한 투자와 이러한 사업에 자금을 제공하는 등의 금융 거래는 엄격히 금지되고 있다. 비도덕적인 것으로 분류되는 것은 도박, 술, 돼지고기, 무기, 영화, 담배 등이며 이들을 취급하는 기업에 투자하는 행위는 금지되어 있다.

셋째, 불확실성을 수반하는 계약 또는 투기 목적의 거래가 금지되어 있다. 계약 사항이 불명확할 경우 지배적 거래자의 횡포를 막기 위한 것이다. 투기 목적의 파생금융상품 거래, 우발채무 거래 등이 원칙적으로 금지된다.

넷째, 채권자와 채무자의 이익 및 손실은 공유되어야 한다. 이슬람금융에서는 원금 상환이나 사전 확정 수익의 보장이 없으며, 자금 제공자는 사업자의 파트너로서 사업 수익을 배분받는다. 손실 발생시 금전적 손실은 모두 자금 제공자의 책임이며, 사업자는 역무 제공에 대한 대가를 받지 못할 뿐이다.

꾸란뿐만 아니라 구약성서에서도
이자를 금하고 있다?

|

꾸란(QURAN)에는 '신이 장사는 허락하셨지만 고리대금은 금지했다(2장 275절)'고 되어 있다. 대출을 해주고 받는 이자는 아무런 노동의 투입 없이 나오는 기생적 행위라고 본 것이다. 이러한 가르침이 이슬람금융이라는 독특한 형태의 금융 형태를 낳게 하였다. 그런데 이러한 이자 금지는 이슬람교에 국한된 것은 아니다.

구약성서에서도 이자와 장리를 받지 말라고 가르치고 있다(출 22:25, 신 23:19~20, 레 25:36~37). 돈을 빌려 줄 때는 기꺼이 이자와 담보 없이 빌려 주라고 한 것이다. 가난한 사람을 못 본 체하지 말고 인색하게 돈을 움켜잡지 말고 손을 펴서 그가 필요한 만큼 무이자로 넉넉하게 빌려주라고 하였다(신 15:10~11).

2
이슬람금융의 거래 형태[4]

샤리아에 따르는 이슬람금융은 상품 거래나 투자라는 형태를 채택하여 이자를 매개로 하지 않고도 금융 거래를 가능하게 하고 있다. 상품 거래를 게재시킨 거래 형태로는 무라바하(Murabahah), 이스티스나(Istisna), 이자라(Ijarah) 등이 있고, 투자 형식을 가진 거래 형태로는 무다라바(Mudharabah), 무샤라카(Musyarakah) 등이 있다. 이러한 거래 형태는 금융상품의 명칭이라기보다는 금융상품에 활용된 개념이라고 할 수 있다. 이슬람금융의 기본적인 거래 형태와 응용 형태를 간단히 살펴보기로 한다.

---

4   이슬람금융 거래 형태에 대한 내용은 MIFC(www.mifc.com) 자료를 참조하였으며, 영어 표기는 말레이시아 증권위원회(Securities Commission)의 표기에 따랐다.

무라바하

무라바하는 소비자금융의 일종으로 수요자가 필요로 하는 주택, 자동차 등 실물자산을 금융기관이 사전에 구입한 뒤 구매원가에 금융기관의 마진을 붙여, 이를 수요자에게 매도함으로써 수요자에게 금융을 제공하는 계약을 말한다. 즉 무라바하는 자본을 제공하는 금융기관이 실물자산을 가지고 있는 판매자로부터 사들여서 여기에 마진을 덧붙여 재판매하는 금융 계약의 형태이다.

무라바하는 주로 단기적인 운전자금의 용도로 쓰이며, 구매 물건 자체가 담보로서 인정되기 때문에 상대적으로 위험이 적고 이익 회수가 신속하여 이슬람은행에서 가장 보편적으로 통용되는 금융 방식이다.

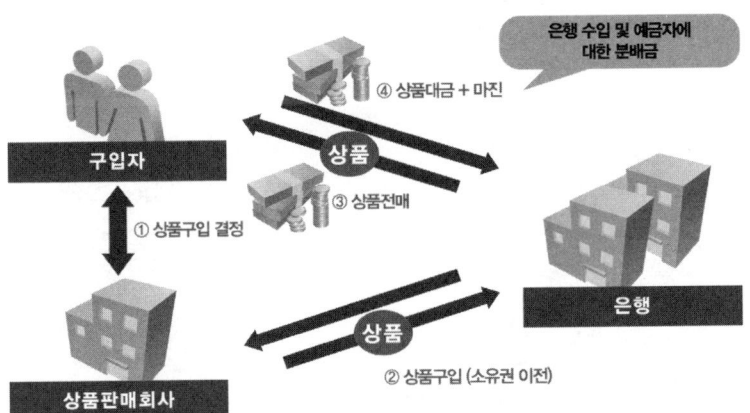

무라바하 거래 형태

● 일단 은행이 상품을 구입하고 고객(본래의 상품 구입 희망자)에게 전매한다.
　전매시 은행은 상품 구입대금에 일정의 마진을 포함시킨다.

무다라바

전통금융의 투자신탁과 유사한 구조로 자본을 제공하는 투자자가 금융기관을 통해 특정 사업에 참여하고, 경영을 제공하는 기업가는 이를 운영하여 수익이 발생할 경우, 사전에 약정한 이익 배분율에 따라 투자자에게 지급하는 상품이다.

자본을 제공하는 투자자는 자본만을 제공하고 사업가는 경영, 즉 노동만을 제공하되 수익이 발생하지 않거나 사업이 실패할 경우 손실은 전적으로 투자자만이 부담한다. 통상 투자자들은 다수의 사업장에 분산 투자하게 되고 경영 참가권은 없는 구조가 된다.

무다라바는 뮤추얼펀드와 유사한 구조라고 할 수 있다. 뮤츄얼 펀드는 자본을 제공하는 펀드 투자자와 운용을 담당하는 자산운용사로 역할이 나누어져 있다.

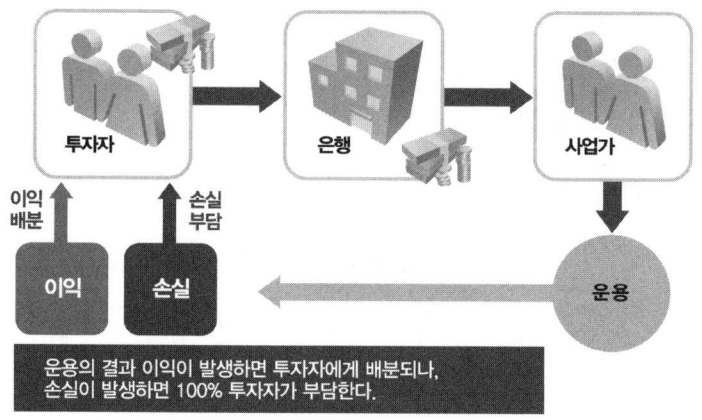

무다라바 거래 형태

• 은행이 고객으로부터 자금을 받아 프로젝트 등의 사업에 투자하고, 투자의 결과로 얻은 이익을 배분한다. 비이슬람국의 투자신탁과 유사하다.

투자자 → 은행 → 사업가

이익 배분 · 손실 부담

이익 · 손실 · 운용

운용의 결과 이익이 발생하면 투자자에게 배분되나, 손실이 발생하면 100% 투자자가 부담한다.

이스티스나

이스티스나는 생산자금융의 일종으로 수요자가 요청하는 미래에 생산 예정인 물품에 대해 금융기관이 생산자에게 융자를 해주고, 물품 완성 후 금융기관은 이를 취득하여 수요자에게 판매하는 금융 거래이다. 대금지불 방식은 완불, 할부, 공정도에 따른 지불 등이 모두 가능하여, 프로젝트 수행의 건설 단계에 적합한 금융 방식이다.

물론 미래에 생산될 예정인 물품이 샤리아에 적격해야 한다. 물품 대금 및 적정 이윤은 무라바하의 경우와 마찬가지로 주로 할부로 은행 측이 수취하게 된다. 은행은 물품 생산시 직원을 파견하여 관리 감독을 수행한다.

최근 중동 국가에서는 건설 단계에서 이스티스나로 계약하고, 운영 단계에서 이자라로 계약하는 복합 프로젝트 파이낸싱의 형태가 나타나고 있다.

이자라

이자라는 리스와 비슷한 개념으로 기계류, 설비, 건물 등 비교적 큰 금융이 필요한 경우 금융기관이 설비나 건물 등을 구입하여 이에 대한 사용권만을 수요자에게 이전하고, 금융기관은 리스 기간 동안 수요자로부터 사용료를 정기적으로 받는 형태이다.

리스 기간 동안 소유권이 금융기관에 있다는 점에서 무라바하와 구별된다. 리스 기간 종료시에는 약정에 따라 대상 자산의 소유권을 수요자에게 이전할 수 있다. 리스금융의 형태로 물품의 소유권은 은행이 보유하는 대신 수요자는 리스료를 지불하며 물품을 사용하게 된다. 이때 리스료는 렌탈료, 감가상각비, 자산가치 증가에 따른 추가 비용을 반영하여 결정된다. 주로 중장기의 리스상품으로 자본재나 부동산의 임차에 사용되며, 리스료 형태는 변동 또는 고정으로 유연하다.

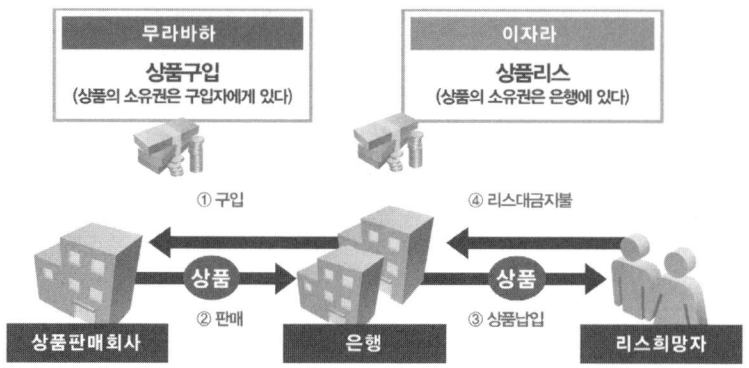

이자라 거래 형태

• 은행이 고객대신에 상품(기계 등)을 구입, 그 상품을 은행이 고객에게 리스한다.

무샤라카

무샤라카는 출자금융의 형태로 투자자와 사업가가 공동출자를 하고 공동경영을 하며, 사전계약에 따라 이익 또는 손실을 분배한다. 보통 손실은 출자 비율에 따라 분담하지만, 이익은 사전계약에 따라 약속한 비율로 분배하기 때문에 실제 운용자(General Partner)와 재무적 투자자(Limited Partner)로 구분되는 PEF(Private Equity Fund)와 많은 유사점을 가진다.

차등이익 방식 때문에 무샤라카는 구조조정 및 장기 인프라 개발

자금 동원 등에 적합한 금융 방식이라 할 수 있다. 무샤라카는 투자자와 사업가가 자본을 함께 출자하며, 투자자가 경영에 참여할 권리를 가진다는 점에서 무다라바와 차이가 있다. 즉 합작회사(Joint Venture)와 흡사하며 투자자들은 경영참여권을 갖게 되며 사업 수익으로부터 배당 수익을 받는 것이다.

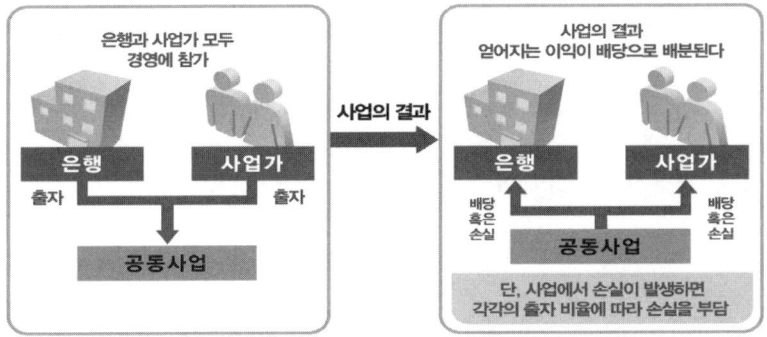

무샤라카 거래 형태

• 은행과 사업가가 파트너로서 하나의 사업에 공동 출자한 후 공동으로 경영에 참가한다.

이슬람금융의 보험상품

전통적인 보험은 이슬람법에서 금기시하고 있는 불확실성, 도박, 이자와 같은 요소를 내포하고 있다. 그래서 무슬림들의 보험에 대한 관심은 저조할 수밖에 없었다. 그러나 1985년 피크아카데미(Fiqh Academy)[5]는 전통적인 상업보험은 금지되지만 상호협조의 원칙과

---

5   Fiqh(피크)는 원래 이해(understanding)라는 의미임. 일반적으로 법이론을 Fiqh, 법체계를 Shariah라고 하는데, 때로는 이 2가지를 동의어로 사용한다.

이슬람법의 준수 그리고 관대한 기부에 근거한 이슬람보험(Takaful)은 허용될 수 있다는 결정을 내렸다. 이에 따라 이슬람 생명보험과 이슬람 손해보험이 개발되었다.

① 이슬람 생명보험(가족 타카풀) : 저축성 보험의 성격으로 사망시 거액의 보험금 수취나 확정보험금 계약은 불가능하다.

② 이슬람 손해보험(일반 타카풀) : 소액의 보험료로 고액의 보상금을 받는 것은 투기 행위에 해당되므로 보험회사의 운용 수익을 나눠 가지는 개념으로 계약이 성립하게 된다.

보험상품 또한 은행상품과 마찬가지로 보험 모집 및 운용의 전 과정에 대한 샤리아위원회의 인증 절차가 필요하다.

이슬람채권(Sukuk)[6]

수쿡은 이슬람채권으로 번역되고 있는 금융 수단으로서 무다라바, 무라바하 등의 이슬람금융 계약을 기초로 유통 가능한 채권의 형태로 발행되는 구조화 금융상품이다. 수쿡을 매입한 투자자에게 정해진 이자를 주는 것이 아니라 사업에서 발생하는 수익을 배당금 형태로 지급한다. 수쿡은 기초자산에서 나오는 현금흐름에 대한 청구권 뿐만 아니라, 기초자산에 대한 소유권을 가지고 있어 청구권만

---

6 수쿡에 대한 설명은 MIFC(Malaysia International Islamic Financial Centre, www.mifc.com)의 홈페이지 게재 내용을 참조.

이슬람보험과 전통적 보험의 비교		
구분	이슬람보험	전통적 보험
보험 이익	보험이익권의 행사는 특정인에 국한되지 않음	생명보험에서 보험이익권은 특정인에게 한정됨
계정	손해보험에서는 기부계정(al-Tabarru)	손해보험에서는 손해보험계정
	생명보험에서는 기부계정과 이윤 및 손실공유 계정(al-Mudaraba)	생명보험에서는 생명보험계정
보험금 청구	생명보험에서 보험사고 발생시 보험금 수취인은 기부계정으로부터는 보험금을, 이윤 및 손실 공유계정으로부터는 누적된 이윤 및 손실을 청구함	생명보험에서 보험사고 발생시 보험금 수취인은 증권에 명시된 보험금 전액에 대한 청구권을 가짐
	생명보험에서 만기일 생존시 보험금 수취인의 보험금청구권은 이윤 및 손실계정의 가용자금으로 국한됨	
계약	보험 계약자는 운영자가 관리하는 이슬람 보험펀드의 소유자임	보험은 매매 계약임
보험회사	보험회사는 수탁자 관리자 기업가임	보험 계약자와 보험회사 간에는 1:1 관계가 성립함
수수료	중개인은 자금 운영자의 일부로 간주되며 이들에 대한 수수료는 주주펀드로부터 지급함	중개인에 대한 수수료는 수입보험료로부터 지급함
운영 요소	이자 및 기타 비이슬람적 요소들을 금지함	보험회사의 영업은 이자와는 무관함
	이윤 및 손실 공유, 기부, 기타 이슬람적 요소들을 중심으로 진화함	
태아의 보험 가입	태아에 대한 보험 가입은 어머니 명의로 가능함	태아에 대한 보험 가입은 불가능함
투자	펀드투자는 무이자 조건으로 행해짐	펀드투자는 무이자 조건과는 무관함
특징	보험회사의 운영은 형제애, 연대책임(solidarity), 상호부조의 특징을 지님	보험회사의 목적은 이윤추구임
이윤	보험회사와 보험 계약자 간의 이윤배분율은 계약서에 명시함	
규제	일차적으로 꾸란과 순나에 의해 규제함	보험법에 의해 규제함
	이차적으로 기타 이슬람율법에 의해 규제함	

자료: 최태영, 〈이슬람보험에 관한 고찰〉, 한국보험학회 학술세미나, 2008.5.23. PP 10.

을 가지는 전통적 채권과 차이가 있다.

　이슬람 금융기관들에 대한 통일적인 회계 및 감독 기준을 제공하고 있는 AAOIFI에서는 발행 가능한 수쿡의 종류를 기초자산의 종류에 따라 14가지로 구분하고 있다.[7] 이들 수쿡은 다시 크게 3가지로 구분할 수 있다.

　실물자산에 대한 매각에서 발생할 이윤을 유동화시키는 경우(무라바하 수쿡, 살암 수쿡)와 실물자산에 대한 리스를 통해 발생할 임대수익이나 리스료를 유동화시켜 발행하는 경우(이자라 수쿡) 및 파트너쉽을 통해서 발생할 이윤을 유동화시켜 발행하는 경우(무다라바 수쿡, 무샤라카 수쿡) 등 크게 3가지 형태로 나눌 수 있다. 주요한 수쿡 형태에 대해 좀 더 자세히 알아보기로 하자.

　① 무라바하 수쿡 : 무라바하 계약은 수요자가 필요로 하는 실물자산을 금융기관이 구입하여 구매 원가에 이윤을 붙여 수요자에게 매도하는 것으로, 무라바하 수쿡은 이러한 무라바하 계약에 따라 미래에 발생할 실물자산 매매이익을 유동화시켜 자금을 조달하는 증권으로, 주로 주택융자에 많이 쓰이는 방식이다.
　무라바하 수쿡은 실물자산 매입을 위한 자금조달을 위해 발행된 증서로서 증서의 소유자는 무라바하로 조달된 물건에 대한 소유권을 가진다.

7　코지 무토, 〈급속히 확대되는 이슬람금융시장〉, 계간 국제무역과 투자,겨울호, 2005. N0. 62. (Koji Muto의 논문은 www.iti.or.jp에서 검색 가능하며, AAOIFI의 홈페이지를 통해서도 발행 가능한 수쿡의 종류에 대한 정보를 얻을 수 있다.)

② 이자라 수쿡 : 이자라 계약은 운용리스와 유사한 이슬람금융 계약의 형태로 이자라 수쿡은 금융기관이 구입한 기계류, 설비, 건물 등을 수요자에게 사용권을 이전하고 사용권에 대한 리스료를 유동화시켜 자금을 조달하는 기법이다.

이슬람금융의 주요 형태		
구분	성격	기본 요건
무라바하 (Murabahah)	외상 매매	금융 제공자가 대상 자산 소유. 구매가격과 이익을 쌍방이 인지
BBA (Bai'Bithaman Ajil)	분납 매매	무라바하의 일종으로 대금 지급을 일시가 아닌 분납 형식
무다라바 (Mudharabah)	이익 공유	사업 수익을 미리 정한 비율로 사업자와 자본 공여자가 배분 사업 손실은 원칙적으로 자금 공여자 책임
무샤라카[8] (Musharakah)	합작회사	투여자본 비율에 따라 사업의 손익을 분배
살암 (Salam)	선도 계약	구매자가 계약시 전체 가격을 지불
이스티스나 (Istisna)	선도 계약	일반 제품에 사용. 구매자가 제조업자의 물품을 직접 구입
이자라 (Ijarah)	리스 계약	이용권의 매매로 자산 소유자가 자산의 유지보수 책임
타카풀 (Takaful)	보험	상호부조의 개념
와디아 (Wadiah)	보호 예수	

자료: INCEIF (International Centre for Education in Islamic Finance, www.inceif.org)

---

8 말레이시아의 증권위원회는 무샤라카의 영문 표기를 Musyarakah로 하고, INCEIF에서는 Musharakah로 하고 있다.

이자라 수쿡은 수쿡 발행 구조 중 가장 많이 쓰이는 구조 중 하나로 리스 요율은 고정금리 채권의 현금흐름과 동일한 현금 구조를 가지기 때문에 이슬람금융에서 고정금리 채권과 유사한 역할을 수행한다.

③ 무샤라카 수쿡 : 무샤라카 수쿡은 자본과 경영을 함께 제공하는 무샤라카 계약을 통해서 프로젝트를 수행하고, 프로젝트 결과 건설되는 시설로부터 발생하는 리스료 등을 유동화시켜 자금을 조달하는 방법으로 유통시장에서 시장가격에 따른 매매가 가능하다.

④ 기타 : 수쿡의 형태나 내용은 샤리아위원회에 따라 다르며 나라별로 편차가 존재한다.

3
이슬람금융의 발전 과정

이슬람금융은 이슬람권을 중심으로 전통금융과 다른 경로로 발전해 왔다. 오랜 기간에 걸쳐 지역별로 독립적으로 발전해 왔기 때문에 발전 과정에 대해서도 지역 또는 학자에 따라 견해가 다를 수 있다. 여기에서는 IRTI(Islamic Research and Training Institute)가 2007년 5월 출간한 《Islamic Financial Services Industry Development Ten-Year Framework and Strateges》의 내용을 중심으로 정리해 보기로 하자.[9]

이 자료는 이슬람 세계에 전통금융의 이자 개념이 도입된 후 이를 회피하기 위한 노력의 산물로 다양한 이슬람 금융기관과 이슬람 금

---

9 《Ten-Year Framework and Strateges》, Islamic Research and Training Institute, pp 2~4.

융상품이 등장하게 된 과정을 상세하게 설명하고 있다.

1890년대

수에즈 운하의 건설과 관련한 금융 거래를 진행하기 위해 바클레이즈 은행이 카이로 지점을 개설하였다. 이 지점은 무슬림 세계에 최초로 등장한 전통은행으로 알려지고 있다. 전통은행인 바클레이즈 은행의 지점이 개설되자마자 이슬람 학자들은 은행의 이자가 꾸란(Quran)에서 금지하고 있는 리바(Riba)라고 비판하기 시작했다. 이와 함께 이를 회피하기 위한 검토가 시작된 것이 오늘날의 이슬람금융으로 발전하였다.

1900~1930년

리바에 대한 비판이 다른 아랍 및 인디아 지역까지 확산되었다. 이러한 논쟁에서 대부분의 학자들은 이자가 금지된 리바라는 점에 동의하였다.

1930~1950년

이슬람 학자들은 공동 참가의 형태로 율법에 적합한 투자 방안을 시도하기 시작했다.

1950년대

이자기반 금융의 대체안으로서 이슬람 학자들에 의해 이론적인 모델이 제공되기 시작했다. 무다라바에 기반을 둔 무이자 은행 모델이 제시되었다. 파키스탄에서는 빈민층을 대상으로 한 농업개량자금 제공 방식이 출현하였다.

1960년대

이집트와 말레이시아에서 이슬람의 원리에 기반을 둔 금융이 대두되었다. 1963년 이집트에서 미트 가므르 저축조합(Mit Ghamr Local Savings Bank)이 설립되었고, 1962년 말레이시아에서는 순례기금인 타붕하지(Tabung Haji)가 설립되었다. 이 시기에 리스 및 이익·손실 공유 방식의 이슬람금융이 시작되었다.

1970년대

1975년 세계 최초의 이슬람은행으로 알려진 두바이 이슬람은행(Dubai Islamic Bank)이 설립되었다. 두바이 이슬람은행은 예금과 대출이라는 기본적인 업무를 수행하였으며, 현재까지 존속하고 있다.

이와 함께 1975년에는 이슬람 개발은행(Islamic Development Bank)이 설립되었다. 1979년에는 최초의 이슬람보험인 타카풀회사인 수단 이슬람보험(Islamic Insurance Company of Sudan)이 출현하였다. 이 시기에 이슬람은행의 주요한 투자 형태로 무라바하 금융상품이 개발되었다.

1980년대

보다 많은 이슬람은행과 연구기관이 각국에 설립되었다. 파키스탄, 이란, 수단은 모든 금융 시스템을 이슬람금융으로 전환한다고 표명하였다. 1981년에는 이슬람 개발은행에 의해 IRTI(The Islamic Research and Training Institute)가 설립되었다. 1983년 말레이시아는 이슬람은행법(Islamic Banking Act)을 제정하였다.

1990년대

AAOIFI(The Accounting and Auditing Organization for Islamic Financial Institutions)가 설립되고 최초의 표준이 발표되었다. 다우존스와 파이낸셜 타임스에 의해 이슬람 주가지수가 개발되는 등 다양한 이슬람 금융상품이 출현하였다.

2000년 이후

전통적인 채권을 대신하여 수쿡이라는 이슬람채권이 출현하였다. IFSB(Islamic Financial Services Board), IIFM(International Islamic Financial Market), CIBAFI(Council for Islamic Banks and Financial Institutions), ARCIFI(Arbitration and Reconciliation Center for Islamic Financial Institutions), IIRA(International Islamic Rating Agency), LMC(Liquidity Management Center) 등이 설립되었다.

영국과 싱가포르 정부가 이슬람금융 서비스에 대해 세금의 중립성을 인정하기 시작했다.

아래의 표는 이와 같은 이슬람금융의 발전 과정을 정리한 것이다.

이슬람금융 발전 과정				
구분	1970년대	1980년대	1990년대	2000년 이후
상품	예금, 대출	예금, 대출, 프로젝트 파이낸싱, 신디케이트론, 타카풀	예금, 대출, 프로젝트 파이낸싱, 신디케이트론, 타카풀, 리스, 주식거래	예금, 대출, 프로젝트 파이낸싱, 신디케이트론, 타카풀, 리스, 주식거래, 각종 투자펀드
지역	중동, 아프리카	중동, 아프리카, 동남아시아	중동, 아프리카, 동남아시아, 유럽	중동, 아프리카, 동남아시아, 유럽
이슬람 은행 설립 사례	The Islamic Development Bank (1975, Saudi Arabia) The Faisal Islamic Bank (1976, Egypt) The Faisal Islamic Bank of Sudan(1977) The Jordan Islamic Bank (1978) The Jordan Financial and Investment Bank(1978) The Islamic Investment Company Ltd(1978, UAE) Kuwait Finance House(1979)	The Abu Dhabi Islamic Bank(1980) The Qatar Islamic Bank(1981) Islamic Counters in Pakistan Banks(1981) The Mauritania Islamic Bank(1985) The Tanzibar Islamic Bank(1985) The Iraq Islamic Bank(1985) The Turkey Islamic Bank(1986)		

자료: Angelo M Venardos, 〈Islamic Banking and Finance in South-East Asia〉, Asia-Pacific Business Series Vol.3. 2005.

이슬람금융
국제기구

ISLAMIC
FINANCE

이슬람금융은 급속하게 성장하고 있다. 이러한 이슬람금융의 확대와 함께 이슬람금융에 대한 규제, 감독의 필요성이 커졌다. 그리고 이슬람금융의 발전을 위해서 국가마다 다른 기준을 통일시킬 필요성이 대두되었다. 이러한 문제를 해결하기 위해 이슬람금융 서비스위원회, 이슬람 금융기관 회계 및 감사기구 등의 국제기구들이 생겨났다. 제2장에서는 이슬람금융에 관한 각종 기준을 제정하는 등 이슬람금융의 발전과 국제화를 선도하고 있는 국제기구들에 대해 살펴보기로 하자.

1
이슬람금융 서비스위원회

국제 금융시장의 흐름에 발맞추어 이슬람금융이 대내외적으로 성장할 수 있도록 다수의 기관들이 설립되었는데 대표적인 기관으로 이슬람금융 서비스위원회(International Financial Services Board, IFSB)를 들 수 있다. 2002년 11월 3일 쿠알라룸푸르에서 이슬람국가 중앙은행, 통화기관 그리고 그 밖의 감독기관들의 2년에 걸친 연구 끝에 설립되었다. IFSB는 각국의 중앙은행, 통화기관을 비롯한 각종 기관들과 연합하여 이슬람금융의 효율적인 감독과 연구를 목적으로 하고 있다.

IFSB는 2009년 1월 우리나라의 금융감독원과 공동으로 이슬람금융 세미나를 개최한 바 있으며, 2008년 우리나라도 IFSB의 옵저버 회원(observer member)이 되었다.

IFSB의 주요 업무

① 참여 국가들과 이슬람금융기관이 샤리아(Shariah)에 적합하게 영업할 수 있도록 이슬람금융의 표준을 제정하고 적용한다.

② 통화 및 금융의 안정을 도모하는 타 기관들과의 정보교환 및 제휴를 선도한다.

③ 연구, 연수 및 기술적 원조를 통해 효과적인 이슬람 금융기관의 리스크 관리를 추진한다.

IFSB는 12개의 이슬람금융의 표준을 제정하였고, 지금도 타카풀(Takaful) 지불 능력에 대한 표준 제정 작업을 진행하고 있다. 지금까지 IFSB가 발표한 각 표준은 다음과 같다.

1. Risk Management (IFSB-1)

2. Capital Adequacy (IFSB-2)

3. Corporate Governance (IFSB-3)

4. Transparency and Market Discipline (IFSB-4)

5. Supervisory Review Process (IFSB-5)

6. Recognition of Ratings on Shari'ah-Compliant Financial Instruments (GN-1)

7. Development of Islamic Money Markets (TN-1)

8. Governance for Collective Investment Schemes (IFSB-6)

9. Special Issues in Capital Adequacy (IFSB-7)

10. Guilding Principles on Governance for Islamic Insurance

(Takaful) Operations (IFSB-8)

11. Conduct of Business for Institutions offering Islamic Financial Services (IIFS) (IFSB-9)

12. Guiding Principles on Shari'ah Goverance System (IFSB-10)

IFSB 가입국

2009년 11월 30일 현재 IFSB는 193개의 회원이 참여하고 있다. 회원은 정회원 26개국, 준회원 22개국, 옵저버 회원 145개국으로 구성되어 있다. 회원들의 면면을 살펴보면 각국의 중앙은행, 금융감독기

자료: www.ifsb.org

관, 국제기관과 금융기관들이다. 정회원은 이슬람권 국가의 중앙은
행 또는 금융감독기관이 대부분이나 비이슬람국 기관으로 싱가포
르 통화청이 유일하게 참여하고 있다. 우리나라에서는 금융감독위
원회와 우리투자증권이 옵저버 회원으로 참여하고 있다.

　IFSB의 회원의 내용은 해당 국가의 이슬람금융의 현황을 파악하
는 데 중요한 자료로 활용할 수 있으므로 모든 회원 명단을 수록하
기로 한다.

IFSB 가입국

① 정회원(Full Member)

No.	Organisation	Country	Membership Type
1	Bangladesh Bank	Bangladesh	Full Member
2	Bank Indonesia	Indonesia	Full Member
3	Bank Negara Malaysia	Malaysia	Full Member
4	Bank of Mauritius	Mauritius	Full Member
5	Banque Centrale De Djibouti	Djibouti	Full Member
6	Capital Market Authority of Saudi Arabia	Saudi Arabia	Full Member
7	Central Bank of Bahrain	Bahrain	Full Member
8	Central Bank of Egypt	Egypt	Full Member
9	Central Bank of Jordan	Jordan	Full Member
10	Central Bank of Kuwait	Kuwait	Full Member
11	Central Bank of Nigeria	Nigeria	Full Member
12	Central Bank of Sudan	Sudan	Full Member
13	Central Bank of Syria	Syria	Full Member

14	Central Bank of the Islamic Republic of Iran	Islamic Republic of Iran	Full Member
15	Central Bank of the United Arab Emirates	United Arab Emirates	Full Member
16	Dubai Financial Services Authority	United Arab Emirates	Full Member
17	Insurance Authority	United Arab Emirates	Full Member
18	Islamic Development Bank	International Inter Governmental Organizations	Full Member
19	Maldives Monetary Authority	Maldives	Full Member
20	Ministry of Finance, Brunei	Brunei	Full Member
21	Monetary Authority of Singapore	Singapore	Full Member
22	Qatar Central Bank	Qatar	Full Member
23	Qatar Financial Markets Authority	Qatar	Full Member
24	Saudi Arabian Monetary Agency	Saudi Arabia	Full Member
25	Securities Commission of Malaysia	Malaysia	Full Member
26	State Bank of Pakistan	Pakistan	Full Member

② 준회원(Associate Member)

No.	Organisation	Country	Membership Type
1	Asian Development Bank	International Inter Governmental Organizations	Associate Member
2	Bangko Sentral ng Pilipinas	Philippines	Associate Member
3	Bank for International Settlements	International Inter Governmental Organizations	Associate Member
4	Banque centrale du Luxembourg	Luxembourg	Associate Member

5	Banque du Liban	Lebanon	Associate Member
6	Bursa Malaysia Berhad	Malaysia	Associate Member
7	Capital Market Development Authority	Maldives	Associate Member
8	Central Bank of the Republic of Turkey	Turkey	Associate Member
9	Emirates Securities and Commodities Authority	United Arab Emirates	Associate Member
10	Financial Services Commission	Mauritius	Associate Member
11	Hong Kong Monetary Authority	Hong Kong	Associate Member
12	International Monetary Fund	International Inter Governmental Organizations	Associate Member
13	International Monetary Fund of Private Sector Sector	International Inter Governmental Organizations	Associate Member
14	Khartoum Stock Exchange	Sudan	Associate Member
15	Labuan Offshore Financial Services Authority	Malaysia	Associate Member
16	Malaysia Deposit Insurance Corporation	Malaysia	Associate Member
17	Palestine Monetary Authority	Palestine	Associate Member
18	People's Bank of China	China	Associate Member
19	Qatar Financial Centre Regulatory Authority	Qatar	Associate Member
20	Securities and Exchange Commission of Pakistan	Pakistan	Associate Member
21	The Insurance Supervisory Authority	Sudan	Associate Member
22	The World Bank	International Inter Governmental Organizations	Associate Member

③ 옵저버 회원(Observer Member)

No.	Organisation	Country	Membership Type
1	A'ayan Leasing and Investment Co.	Kuwait	Observer Member
2	ABC Islamic Bank (E.C.)	Bahrain	Observer Member
3	Absa Bank	South Africa	Observer Member
4	Abu Dhabi Commercial Bank	United Arab Emirates	Observer Member
5	Abu Dhabi Islamic Bank	United Arab Emirates	Observer Member
6	Affin Islamic Bank Berhad	Malaysia	Observer Member
7	Ahli Bank QSC	Qatar	Observer Member
8	Ahli United Bank	Bahrain	Observer Member
9	Ahli United Bank	Lebanon	Observer Member
10	Al Hilal Bank	United Arab Emirates	Observer Member
11	Al Jazeera Sudanese Jordanian Bank	Sudan	Observer Member
12	Al Rajhi Banking and Investment Corporation (Malaysia) Bhd.	Malaysia	Observer Member
13	Al Rowad Financial Services Co.	Sudan	Observer Member
14	Al Safa Islamic Banking, Commercial Bank of Qatar	Qatar	Observer Member
15	Al Salam Bank	Sudan	Observer Member
16	Al Salam Bank	Bahrain	Observer Member

No.	Organisation	Country	Membership Type
17	Al–Aqeelah Takaful	Syria	Observer Member
18	Al–Jazira Bank	Saudi Arabia	Observer Member
19	Al–Rajhi Banking and Investment Corporation	Saudi Arabia	Observer Member
20	Albaraka Banking Group	Bahrain	Observer Member
21	Albaraka Turkish Finance House	Turkey	Observer Member
22	Allied Cooperative Insurance Group	Saudi Arabia	Observer Member
23	AmIslamic Bank Berhad	Malaysia	Observer Member
24	Amsar Partners	Singapore	Observer Member
25	Animal Resources Bank	Sudan	Observer Member
26	Arab Islamic Bank	Palestine	Observer Member
27	Arbah Capital	Saudi Arabia	Observer Member
28	Arcapita Bank	Bahrain	Observer Member
29	AREF Investment Group	Kuwait	Observer Member
30	Asian Finance Bank Berhad	Malaysia	Observer Member
31	Badr Al Islami	United Arab Emirates	Observer Member
32	Bahrain Islamic Bank	Bahrain	Observer Member
33	Bank Al–Maghrib	Morocco	Observer Member

34	Bank Asya	Turkey	Observer Member
35	Bank Islam Brunei Darussalam Berhad	Brunei	Observer Member
36	Bank Islam Malaysia Berhad	Malaysia	Observer Member
37	Bank Kerjasama Rakyat Malaysia Berhad	Malaysia	Observer Member
38	Bank Keshavarzi	Islamic Republic of Iran	Observer Member
39	Bank Muamalat Malaysia Berhad	Malaysia	Observer Member
40	Bank of Japan	Japan	Observer Member
41	Bank of Tokyo–Mitsubishi UFJ (Malaysia) Berhad	Malaysia	Observer Member
42	Bank Saderat Iran	Islamic Republic of Iran	Observer Member
43	Barwa Bank	Qatar	Observer Member
44	BNP Paribas Islamic Banking Unit	Bahrain	Observer Member
45	Boubyan Bank	Kuwait	Observer Member
46	Byblos Bank Africa Ltd	Sudan	Observer Member
47	Cagamas	Malaysia	Observer Member
48	Commerce International Merchant Bankers Berhad (CIMB)	Malaysia	Observer Member
49	Commercial Bank of Dubai	United Arab Emirates	Observer Member
50	Da Afghanistan Bank	Afghanistan	Observer Member
51	Deloitte Corporate Advisory Services	Malaysia	Observer Member

No.	Organisation	Country	Membership Type
52	Deutsche Bank AG	United Arab Emirates	Observer Member
53	Doha Bank	Qatar	Observer Member
54	Dubai Bank	United Arab Emirates	Observer Member
55	Dubai Islamic Bank	United Arab Emirates	Observer Member
56	Dubai Islamic Bank Pakistan Limited	Pakistan	Observer Member
57	Dubai Islamic Insurance and Reinsurance Co.	United Arab Emirates	Observer Member
58	Egyptian Saudi Finance Bank	Egypt	Observer Member
59	Emirates Islamic Bank	United Arab Emirates	Observer Member
60	EONCAP Islamic Bank Berhad	Malaysia	Observer Member
61	Etiqa Takaful Berhad	Malaysia	Observer Member
62	European Islamic Investment Bank PLC	United Kingdom	Observer Member
63	Faisal Islamic Bank	Egypt	Observer Member
64	Farmer's Commercial Bank	Sudan	Observer Member
65	Financial Services Commission & Financial Supervisory Service	Korea	Observer Member
66	First Habib Modaraba	Pakistan	Observer Member
67	First Investment Company	Kuwait	Observer Member
68	Fitch Ratings Singapore Pte Ltd	Singapore	Observer Member

69	FWU Group	Germany	Observer Member
70	Gatehouse Bank plc	United Kingdom	Observer Member
71	Guidance Financial Group LLC	United States of America	Observer Member
72	Hannover ReTakaful B.S.C	Bahrain	Observer Member
73	Hong Leong Islamic Bank	Malaysia	Observer Member
74	HSBC Amanah Finance	United Arab Emirates	Observer Member
75	Industrial Development Bank	Sudan	Observer Member
76	Insurance Commission of Jordan	Jordan	Observer Member
77	Islami Bank Bangladesh Limited	Bangladesh	Observer Member
78	Islamic Corporation for the Insurance of Investment and Export Credit	Saudi Arabia	Observer Member
79	Islamic Insurance Company	Sudan	Observer Member
80	Islamic International Arab Bank	Jordan	Observer Member
81	Islamic International Rating Agency	Bahrain	Observer Member
82	Japan Bank for International Cooperation	Japan	Observer Member
83	Japan Securities and Dealers Association	Japan	Observer Member
84	Jordan Islamic Bank for Finance and Investment	Jordan	Observer Member
85	Khaleeji Commercial Bank B.S.C.	Bahrain	Observer Member

No.	Organisation	Country	Membership Type
86	KMC, Management and Consulting Ltd	Azerbaijan	Observer Member
87	Kuwait Finance House	Kuwait	Observer Member
88	Kuwait Finance House (Malaysia) Berhad	Malaysia	Observer Member
89	Kuwait Finance House–Bahrain	Bahrain	Observer Member
90	Kuwait International Bank	Kuwait	Observer Member
91	Kuwait Turkish Participation Bank	Turkey	Observer Member
92	Lembaga Tabung Haji	Malaysia	Observer Member
93	Limited Liability Company IFC Linova	Tatarstan (Russian Federation)	Observer Member
94	Liquidity Management House	Kuwait	Observer Member
95	Malaysian Rating Corporation Berhad	Malaysia	Observer Member
96	Masraf Al Rayan	Qatar	Observer Member
97	Mawarid Finance (PJSC)	United Arab Emirates	Observer Member
98	Maybank Investment Bank Berhad	Malaysia	Observer Member
99	Maybank Islamic Berhad	Malaysia	Observer Member
100	Ministry of Economy and Finances	Senegal	Observer Member
101	Mitsubishi UFJ Securities Co., Ltd.	Japan	Observer Member
102	Mizuho Corporate Bank Ltd.	Japan	Observer Member

103	Moody's Middle East Limited	United Arab Emirates	Observer Member
104	Muthanna Investment Company	Kuwait	Observer Member
105	National Bank of Dubai	United Arab Emirates	Observer Member
106	National Commercial Bank	Saudi Arabia	Observer Member
107	Nomura Asset Management Malaysia Sdn Bhd	Malaysia	Observer Member
108	Nomura Securities Co. Ltd.	Japan	Observer Member
109	Oasis Crescent Capital (PTY) Ltd.	South Africa	Observer Member
110	Omdurman National Bank	Sudan	Observer Member
111	Perbadanan Tabung Amanah Islam Brunei	Brunei	Observer Member
112	Qatar International Islamic Bank	Qatar	Observer Member
113	Qatar Islamic Bank	Qatar	Observer Member
114	Qatar National Bank	Qatar	Observer Member
115	Rasameel Structures Finance Company	Kuwait	Observer Member
116	RHB Islamic Bank Berhad	Malaysia	Observer Member
117	RUSD Investment Bank, Labuan	Malaysia	Observer Member
118	SALAMA – Islamic Arab Insurance Co.	United Arab Emirates	Observer Member
119	Saudi British Bank	Saudi Arabia	Observer Member
120	Securities and Futures Commission	Hong Kong	Observer Member

No.	Organisation	Country	Membership Type
121	Seera Investment Bank	Bahrain	Observer Member
122	Sharjah Islamic Bank	United Arab Emirates	Observer Member
123	Shiekan Insurance and Reinsurance Co. Ltd	Sudan	Observer Member
124	Sudan Financial Services Company	Sudan	Observer Member
125	Sudanese Banks Association	Sudan	Observer Member
126	Sudanese French Bank	Sudan	Observer Member
127	Sumitomo Mitsui Banking Corporation, Japan	Japan	Observer Member
128	Syarikat Takaful Malaysia Berhad	Malaysia	Observer Member
129	Tadamon Islamic Bank	Sudan	Observer Member
130	Takaful Ikhlas Sdn. Bhd.	Malaysia	Observer Member
131	The Arab Chamber of Commerce & Industry	Hong Kong	Observer Member
132	The Hong Kong Association of Banks	Hong Kong	Observer Member
133	The Islamic Bank of Asia, Singapore	Singapore	Observer Member
134	The Islamic Insurance Co. Plc	Jordan	Observer Member
135	The National Pensions Fund	Sudan	Observer Member
136	The Securities House	Kuwait	Observer Member
137	Tokio Marine Middle East Limited	United Arab Emirates	Observer Member

138	UBS AG, Dubai	United Arab Emirates	Observer Member
139	UM Financial Inc.	Canada	Observer Member
140	Unicorn International Islamic Bank Malaysia Berhad	Malaysia	Observer Member
141	Unicorn Investment Bank	Bahrain	Observer Member
142	Venture Capital Bank B.S.C (c)	Bahrain	Observer Member
143	West Services INC	United States of America	Observer Member
144	Wethaq Takaful Insurance Company K.C.S.C.	Kuwait	Observer Member
145	Woori Investment and Securities	Korea	Observer Member

2
국제 이슬람 금융시장

국제 이슬람 금융시장(International Islam Financial Market, IIFM)은 2001년 11월, 말레이시아, 인도네시아, 수단 그리고 이슬람 개발은행(IDB)과 바레인의 협정에 의해 설립된 비영리기구이다. IIFM은 전 세계 이슬람은행 및 금융기관들의 활발한 시장 참여를 위해 이슬람 금융상품 개발과 이슬람 금융상품 구조의 표준화를 진행하고 있다. 이와 함께 이슬람 금융상품 지침의 제정과 이슬람 금융시장의 창설에 힘을 쓰고 있다.

이러한 활동의 일환으로 IIFM은 국제 자본시장협회(ICMA)와 국제 이슬람 금융시장의 세계적인 발전을 위해 제휴를 하였다. ICMA는 런던에 본거지를 두고 있는 금융기관을 중심으로 구성되어 있다. 양 기관은 제휴를 통해 이슬람 금융상품의 매매에 관한 계약 서류 및 시장 관행의 표준화를 진전시킬 계획이다. 한편 IIFM은 이슬람금융

파생상품 거래의 추진에도 적극적으로 관여하고 있다. 2006년 9월에는 국제 스왑 파생상품협회(ISDA)와 샤리아에 적합한 파생상품 개발 관련 계약을 체결하였다. 파생상품 거래는 샤리아 적격 판단이 특히 어려운 분야인데 국제기관인 IIFM이 국제 스왑 파생상품협회와 계약을 체결하고 표준 계약서를 준비한다는 점은 큰 의미가 있는 것으로 보인다.

IIFM은 이슬람 금융시장과 자본시장의 표준화를 선도하고 있는데 IIFM에 의해 출시된 상품은 IIFM 내 샤리아위원회의 승인을 거쳐야 함을 원칙으로 하고 있다. IIFM은 〈IIFM Sukuk Analysis〉 등과 같은 이슬람금융 관련 다양한 연구 자료를 발간하고 있다. 이러한 자료들은 IIFM의 홈페이지(www.iifm.net)에서 검색할 수 있다.

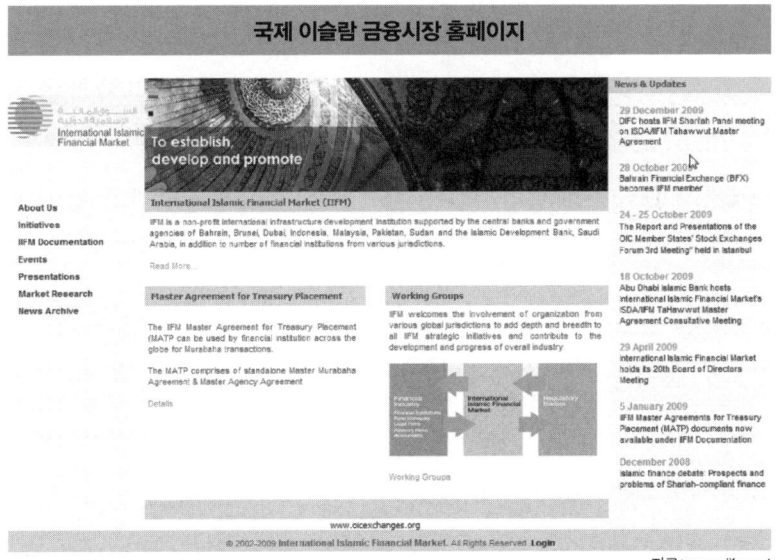

국제 이슬람 금융시장 홈페이지

자료: www.iifm.net

3

이슬람 금융기관 회계 및 감사기구

이슬람 금융기관 회계 및 감사기구(Accounting and Auditing Organization for Islamic Financial Institutions, AAOIFI)는 이슬람금융기관들의 회계, 감사, 감독을 담당하고, 거래의 원칙이 되는 샤리아의 표준을 정의하는 국제적이며 자치적인 비영리기관이다. 1990년 2월 26일 알제리에서 이슬람 금융기관들 간의 조약에 의해 설립되었고, 이듬해 3월 27일 바레인 마나마에 등록되었다.

AAOIFI는 창립회원, 제휴회원, 감독규제기관을 대표하는 회원, 그리고 옵저버 회원으로 구성되어 있다.

① 창립회원 : 조약에 서명한 가맹국들의 이슬람 금융기관인 이슬람 개발은행(Islamic Development Bank), 달라 알바라카(Dallah Al-Baraka), 파이잘(Faysal Group, Dar Al Maal Al Islami), 알라지은행·투자

회사(Al Rajhi Banking & Investment Corporation), 그리고 쿠웨이트 파이낸스 하우스(Kuwait Finance House)로 구성되었다.

② 제휴회원 : 모든 거래에 있어 샤리아를 준수하는 이슬람 금융 기관 및 회사로 하며 자체 법인을 가지고 있는 이슬람 피크아카데미와 기관도 이에 포함된다.

③ 감독규제기관을 대표하는 회원 : 이슬람 금융기관을 규제하는

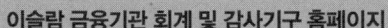

이슬람 금융기관 회계 및 감사기구 홈페이지

هيئة المحاسبة والمراجعة للمؤسسات المالية الإسلامية
Accounting and Auditing Organization for Islamic Financial Institutions

The Organization   Professional Development   News   Events   Publications   Contact us

● Upcoming Events

CIPA, CSAA New Intakes are still open
CIPA, CSAA New Intakes are still open for registration

● Certified Islamic Professional Accountant (CIPA) Graduate

◉ AAOIFI revises FAS 17, click here for more information   ◉ AAOIFI issues guidance on FAS 23, click here for more information

● Certified Shari'a Adviser and Auditor (CSAA) Graduate

AAOIFI Secretary General listed in The 500 Most Influential Muslim 2009

New members admitted   More...

◉ CIPA, ◉ CSAA new Intakes are still open for registration for option two

Too many conferences? Check AAOIFI's Recommendations   More...

"For the Islamic finance industry -though emerging, but rapidly growing and evolving- standards are important as they give shape to the market and help to define characteristics of the industry... and also provide the basis for continuing the development of this industry."

■ Dr. Mohamad Nedal Alchaar, Secretary General

● Latest News

● AAOIFI Secretary General listed in The 500 Most Influential Muslim 2009

● AAOIFI Newsletter 2009

● AAOIFI issues guidance on FAS 23, 1 December 2008

◉ guidance statement

AAOIFI Introduces Contract Certification Program for Islamic Financial Instruments   Path Solutions is Certified by AAOIFI

● AAOIFI revises FAS 17, 29 October 2008

◉ guidance statement

● Foreword from "Secretary General"

Since 1991, when the Islamic banking and finance industry itself decided that the existing international standards were inadequate to cater for its needs, we have come a long way to being recognized as the main standard-setting organization. We have now issued up to 70 standards on accounting, auditing, and governance, in addition to codes of ethics and Shari'a standards. At the same time, we are working diligently on preparing new standards, redrafting current ones taking into account all newly emergent requirements and needs of IFIs all over the world, and conducting relevant researches and consultancies crucial to

◉ press release

자료: www.aaoifi.com

관리자

④ 옵저버 회원 : 회계 및 감사의 수행, 그 계획 업무를 맡은 자, 기관을 비롯하여 이슬람금융에 관계된 회계 및 감사에 관심을 가진 공인회계사 및 감사, 이슬람 금융기관과 거래하는 금융기관 등.

AAOIFI는 샤리아의 원칙을 준수하며 다음을 목표로 한다.

① 국제적으로 가장 많이 이루어지는 금융 거래 중 샤리아에 위배되지 않는 것을 선정하고 이를 참작하여 이슬람 금융기관에 관계된 모든 회계, 감사, 관리 및 윤리의 기준을 제정한다.

② 연수 세미나, 간행물, 정기발행 뉴스레터, 보고서, R&D를 비롯한 각종 수단을 통해 이슬람금융업과 관련된 모든 회계, 감사, 관리 및 윤리의 효과적인 보급 및 적용을 도모한다.

③ 이슬람 금융기관들의 회계 업무에 있어 각각의 기관이 채택한 회계 정책과 절차의 적절한 조합 및 업무의 기준이 될 사항들과 그 해석법을 체계화한다.

④ 해당 기관의 감사와 관리의 실행에 있어 그 질을 향상시키고 기준이 될 사항들과 그 해석법을 체계화한다.

⑤ 해당 기관의 윤리 관련 업무의 질을 향상시키고 기준을 체계화한다.

⑥ 각 이슬람 금융기관들의 샤리아위원회 간에 조화를 이루도록 한다. 이슬람 금융기관의 샤리아위원회와 중앙은행이 각자 맡은 역할을 효과적으로 수행할 수 있도록 투자, 대출 그리고 보험 업

무에 관한 샤리아 원칙을 제정, 발표하고 해석하여 줌으로써 각기 다른 샤리아 원칙 적용으로 인한 파트와(Fatwa, 이슬람 성직자들이 내리는 율법적인 결정)와 금융기관 사이 불일치를 피한다.

⑦ 이와 관계 있는 감독기관, 이슬람 금융기관, 이슬람금융을 다루는 타 금융기관, 그리고 회계 및 감사 법인들이 앞서 거론된 기준이 되는 사항들을 효과적으로 적용하고 AAOIFI가 발행하는 보고서 및 가이드라인을 따를 수 있도록 도와준다.

AAOIFI는 웹사이트(www.aaoifi.com)를 통해 이슬람금융업에 관련된 모든 기관들이 최신 정보와 전문지식을 교환할 수 있도록 도와줌으로써 이슬람금융의 발전에 이바지하고 있다.

뿐만 아니라, AAOIFI의 소식지 발행, 세미나, 회의, 청문회, 연수 등을 통해 이슬람 은행업 및 금융업에 관련된 국제적인 견해 및 뉴스를 포함한 정보를 제공하고 있다.

위에서 살펴 본 AAOIFI의 역할 중 가장 중요한 것 중의 하나가 금융회계표준(Financial Accountings Standards, FASs)과 샤리아표준(Sharia' Standards, SSs)의 제정이라 할 수 있다.[1] 각 이슬람 금융기관들의 상품 개발의 기준으로도 활용되고 있는 AAOIFI 제정 표준들을 살펴보면 다음과 같다.

---

1 이슬람법을 의미하는 샤리아의 영문 표기에 대해 말레이시아의 증권위원회 등은 Shariah로 표기하고 있으나, AAOIFI에서는 Sharia로 표기하고 있다.

AAOIFI 제정 표준

Accounting standards:

1. Objective of financial accounting for Islamic banks and financial institution (IFIs).
2. Concept of financial accounting for IFIs.
3. General presentation and disclosure in the financial statements of IFIs.
4. Murabaha and Murabaha to the purchase orderer.
5. Mudaraba financing.
6. Musharaka financing.
7. Disclosure of bases for profit allocation between owners equity and investment account holders.
8. Equity of investment account holders and their equivalent.
9. Salam and Parallel Salam.
10. Ijarah and Ijarah Muntahia Bittamleek.
11. Zakah.
12. Istisna'a and Parallel Istisna'a
13. Provisions and Reserves.
14. General Presentation and Disclosure in the Financial Statements of Islamic Insurance Companies.
15. Disclosure of Bases for Determining and Allocating Surplus or Deficit in Islamic Insurance Companies.
16. Investment Funds.
17. Provisions and Reserves in Islamic Insurance Companies.
18. Foreign Currency Transactions and Foreign Operation.
19. Investments.
20. Islamic Financial Services Offered by Conventional Financial Institutions.
21. Contributions in Islamic Insurance Companies.
22. Deferred Payment Sale.
23. Disclosure on Transfer of Assets.
24. Segment Reporting.
25. Consolidation.
26. Investment in Associates.

Auditing standards:

1. Objective and principles of auditing.

2. The Auditor's Report.
3. Terms of Audit Engagement.
4. Testing for Compliance with Shari'a Rules and Principles by an External Auditor.
5. The Auditor's Responsibility to Consider Fraud and Error in an Audit of Financial Statements.

Governance standards:
1. Shari'a Supervisory Board: Appointment, Composition and Report.
2. Shari'a Review.
3. Internal Shari'a Review.
4. Audit and Governance Committee for IFIs.
5. Independence of Shari'a Supervisory Board.
6. Statement on Governance Principles for IFIs.
7. Corporate Social Responsibility.

Ethics standards:
1. Code of ethics for accountants and auditors of IFIs.
2. Code of ethics for employees of IFIs.

Shari'a standards:
1. Trading in currencies.
2. Debit Card, Charge Card and Credit Card.
3. Default in Payment by a Debtor.
4. Settlement of Debt by Set-Off.
5. Guarantees.
6. Conversion of a Conventional Bank to an Islamic Bank.
7. Hawala.
8. Murabaha to the Purchase Orderer.
9. Ijarah and Ijarah Muntahia Bittamleek.
10. Salam and Parallel Salam.
11. Istisna'a and Parallel Istisna'a.
12. Sharika (Musharaka) and Modern Corporations.
13. Mudaraba.
14. Documentary Credit.
15. Jua'la.
16. Commercial Papers.
17. Investment Sukuk.
18. Possession (Qabd).

19. Loan (Qard).
20. Commodities in Organised Markets.
21. Financial Papers (Shares and Bonds).
22. Concession Contracts.
23. Agency.
24. Syndicated Financing.
25. Combination of Contracts.
26. Islamic Insurance.
27. Indices.
28. Banking Services.
29. Ethics and stipulations for Fatwa.
30. Monetization (Tawarruq)
31. Gharar Stipulations in Financial Transactions
32. Arbitration
33. Waqf
34. Ijarah on Labour (Individuals)
35. Zakah

4
국제 이슬람 평가기관

IIRA(International Islamic Rating Agency)는 바레인에 위치한 이슬람 금융 평가기관으로 샤리아 원칙에 근거한 은행업과 뮤추얼펀드의 국제 금융시장 진출을 돕는 데 그 의의를 두고, 운용자금 1000만 달러(USD)와 납입자본 200만 달러(USD)를 초기자본으로 하여 설립되었다.

IIRA는 해당 기업 및 금융상품의 샤리아 준수 여부를 심사하고 이들의 의무 사항과 공약이 실천되고 있는지에 대한 독립적인 평가를 수여하는 것을 주된 업무로 한다. IIRA는 샤리아 적격에 대한 평가 등급의 결정을 위해 다양한 국가 출신의 학자 19명으로 구성된 샤리아위원회를 설치하고 있다.

2006년 샤리아 품질 등급 부여 방법을 결정한 이래 현재는 샤리아 품질 등급, 국가 등급, 신용 등급, 기업 관리 등급 등 4종류의 평가 등급 서비스를 제공하고 있다.

　이와 같은 IIRA가 제공하는 샤리아 평가 등급은 이슬람채권 등 이슬람 금융상품에 투자하는 투자자들의 투자 판단에 중요한 영향을 끼치고 있다.

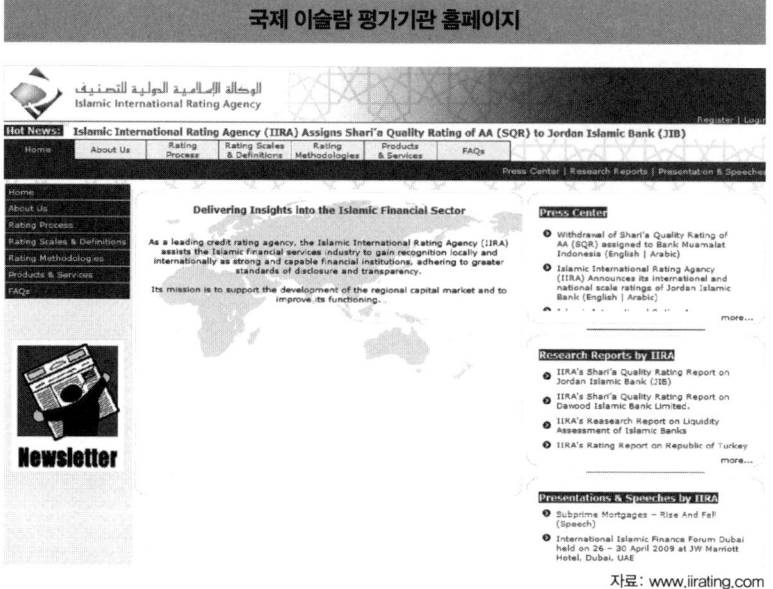

국제 이슬람 평가기관 홈페이지

자료: www.iirating.com

5
이슬람은행 및 금융기관 일반평의회

바레인에 위치한 GCIBFI(General Council for Islamic Banks and Financial Institutes)는 2001년 5월에 설립되어 이슬람은행 및 금융기관들을 대표하는 국제적 기관으로서의 위치를 확립하고 있다.

GCIBFI는 바레인, 아랍에미레이트, 쿠웨이트와 말레이시아를 비롯한 이슬람 원칙을 따르는 다양한 국가들의 은행과 금융기관, 이슬람 상업은행, 이슬람금융을 취급하는 일반은행, 투자은행, 이슬람펀드, 그리고 타카풀회사들의 조화를 도모한다.

또한 "적합한 정보와 정확한 데이터를 통해 이슬람금융업을 후원하고 지원하며 보급한다"는 설립 취지에 따라 다음과 같은 목적을 지향하고 있다.

① 이슬람 은행업 및 금융업의 정확한 개념과 규율에 관한 정보를

제공한다.

② GCIBFI 회원들과 규제기관을 비롯한 비슷한 성격을 지닌 다른
관련 기관 간의 제휴를 돕는다.

③ 이슬람금융업에 관한 정보와 데이터를 준비하고 보급한다.

④ GCIBFI 회원들이 성공할 수 있도록 현명한 위기 상황 대처법
을 가르쳐준다.

이슬람은행 및 금융기관 일반평의회 홈페이지

자료: www.cibafi.org

GCIBFI는 샤리아를 준수하는 금융기관들의 목록을 발간하고, 세
계 도처 금융 중심지에서 회의를 개최하며, 시장 참여자에게 이슬람
금융에 관한 정확한 지식을 전달하는 등의 업무를 통하여 고객에게
는 투명한 은행 업무 및 서비스를 제공할 뿐 아니라 회원들에게는

다양한 연수 및 기술적 원조, 회의와 세미나를 제공하는 역할을 하고 있다.

또한 이슬람은행들의 해외 진출을 저해할 수 있는 사안이 발생하는 것을 막기 위해 GCIBFI는 정책 입안자들의 이슬람금융을 향한 바른 이해를 돕는 데에도 노력한다. 회원 및 정책 입안자, 정치가, 학자, 은행가들에게 정기적으로 뉴스레터를 발행하고 이슬람금융에 관한 전문적 지식 및 정보교환, 그리고 개최된 회의에 관한 견해를 나눌 수 있는 장을 제공하고 기술적 원조를 하고 있다.

GCIBFI에는 300여 개 이슬람 금융기관이 가입하고 있으며, GCIBFI의 홈페이지(www.cibafi.org)에서 이들 각 금융기관에 대해 알아볼 수 있다.

6
이슬람은행 및 보험연구소

1991년 런던에 세워진 IIBI(Institute of Islamic Banking and Insurance)는 이슬람은행 및 보험에 관련된 교육 또는 연수를 전문으로 하는 교육기관이다. 석사 이상 교육 과정 뿐만 아니라 전문 출판물, 강의, 세미나, 워크숍과 리서치, 샤리아 자문 서비스를 제공하고 있다.

IIBI의 목표는 다음과 같다.

① 이슬람 은행업 및 보험업에 관한 교육을 통한 전문 인력 양성

② 각종 세미나, 회의, 강의와 프로모션을 통한 이슬람 은행업 및 보험업의 보급

③ 이슬람 은행업 및 보험업에 관련된 모든 자문 및 원조 제공

④ 이슬람 금융상품의 개발

⑤ 이슬람 금융서비스 개발에 관한 자문

⑥ 맞춤 형식의 해외 연수 프로그램 개발

⑦ 이슬람 은행업 및 보험업에 관련된 문제에 관한 연구

자료: www.islamic-banking.com

IIBI의 주요 업무는 다음과 같다.

① 이슬람 은행업 및 보험업 관련 석사 이상 과정 교육

② 월간 발행물《새로운 시각 (new horizon)》출간

③ 자문 서비스

④ 은행 중간 · 고위 관리자들을 위한 '관리자 개발 프로그램' 제공

⑤ 다른 기관들이 개최하는 국제회의 참여, 협력 및 지원

⑥ 이슬람 은행업 및 보험업 관련 연수생 자문 및 원조

⑦ 회원 관리

⑧ 이슬람금융 연구 및 개발의 보급

⑨ 금융 관련 IT 업계의 동향 모니터링

⑩ 이슬람은행업 CD-ROM 데이터베이스 구축

⑪ 이슬람금융에 관한 갖가지 문답 서비스

⑫ 전문적인 공동체로서의 서비스

1991년 설립 이래 이슬람은행 및 보험연구소는 2009년 말 현재 60여 개국 1200여 명의 이슬람금융 전문가를 배출하였다.

7

이슬람 연구 및 연수 기관

이슬람금융 연구 및 연수 관련 전문기관을 필요로 했던 이슬람 개발은행(IDB)에 의해 운영되는 IRTI(Islamic Research and Training Institute)는 1983년에 문을 연 이래 회원국의 이슬람금융 전문 인력 양성 뿐만 아니라 활발한 연구 활동을 통해 샤리아에 근거한 경제활동과 금융, 은행 업무의 발전을 도모하고 있다.

IIRI의 목표는 다음과 같다.

① 은행 업무를 비롯한 각종 금융·경제 분야에 샤리아를 체계적으로 적용하기 위한 모델 및 방안 연구

② 이슬람 경제권에서 활동하는 샤리아 감독·연구 기관이 필요로 하는 전문 인력의 양성, 연수 및 교육

③ 이슬람 개발은행 회원국의 경제개발 활동에 개입된 직원들의

연수

④ 이슬람 개발은행 활동에 관련된 정보를 소집하여 시스템화하고 보급하는 정보센터 설립

⑤ 이외 이슬람 개발은행의 목적 달성에 도움이 되는 모든 활동을 주도

이슬람 연구 및 연수 기관 홈페이지

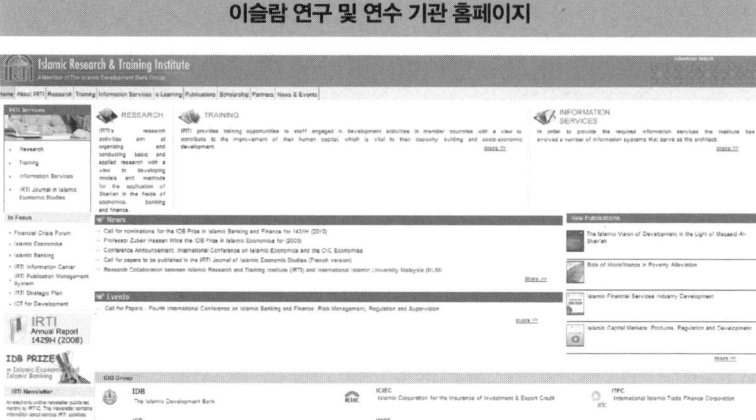

자료: www.irti.org

8

이슬람금융 국제 교육센터

이슬람금융 국제 교육센터(International Centre of Education in Islamic Finance, INCEIF)는 세계 이슬람금융 산업 발전을 위해 말레이시아 중앙은행이 2006년에 설립한 교육기관이다. 이슬람금융 산업이 요구하는 자격과 능력을 갖춘 전문가 양성을 목표로 설립되었다. 이슬람금융 전문자격증인 CIFP(Chartered Islamic Finance Professional) 과정과 석사 및 박사 학위 과정 운영을 통해 세계 최고의 이슬람금융 전문가를 육성하고 있다.

INCEIF는 이슬람금융에 대해서 실용적이고 학문적인 훈련 프로그램을 제공하고 있다. 이슬람금융 자격증과정(CIFP)은 이슬람금융에 대한 종합적인 학습 경험 제공을 위해 실용 부문과 이론 부문으로 구분하여 가르치고 있다. 현재 약 1000명의 학생이 이 과정에 참여하고 있는데 수업은 금융 지식, 금융 기술, 이슬람금융 실무로 진행된다. 석사 및 박사 학위 과정은 이슬람 경제, 금융 및 샤리아에 대한 이론과 응용 분야를 연구하는 과정이다.

2009년 말 현재 INCEIF의 학위 과정에는 중동 국가, 영국 등 55개국의 학생들이 공부를 하고 있다. 특히 2009년 박사학위 과정에는 한국인 학생이 입학하여 화제가 되기도 하였다. INCEIF는 영국의 레딩대학과 이슬람금융 자격증 과정 및 학위 과정을 개설하였으며 우리나라의 경희대학과 2009년 1월 교육 프로그램 제공 관련 협약을 체결한 바 있다.

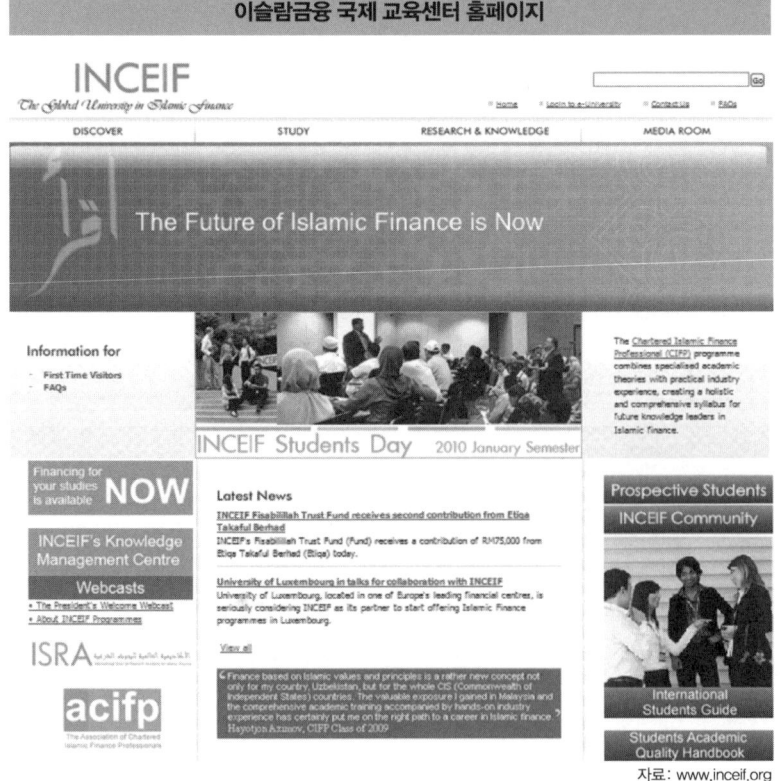

이슬람금융 국제 교육센터 홈페이지

자료: www.inceif.org

9

말레이시아 이슬람금융연수원

IBFIM(Islamic Banking and Finance Institute Malaysia)은 이슬람금융 산업 발전을 위해 말레이시아 중앙은행과 이슬람은행들이 2001년에 설립하였다. 말레이시아 정부가 추진하고 있는 이슬람금융 장기 육성 계획의 수립 및 진행을 담당하고 있다. 아울러 이슬람금융 보급을 위해 교육, 재능 개발, 자문과 이슬람금융 컨설팅 및 지식 관리 업무를 수행하고 있다.

이슬람금융 전문가 육성과 관련하여 앞에 설명한 INCEIF가 일반인이나 학생을 대상으로 이슬람금융 교육을 실시하는 데 비해, IBFIM은 금융업 종사자 및 경험자를 대상으로 이슬람금융 전문 교육을 실시하고 있다. 구체적으로 IBFIM은 i-Series라는 단기 교육 프로그램과 자격증과정인 IFP, CP-i, SiSiP, IBPQ, TPQ, CTB, 그리고 이슬람 금융기관의 요구에 따른 맞춤식 교육 과정을 운영하고 있다.

IBFIM은 이슬람금융의 보급과 금융상품 개발에서도 중요한 역할을 하고 있다. 영국의 카디프대학과 공동으로 영국에서 이슬람금융 교육 과정을 운영하고 있으며, 2008년 1월 중국의 심양(Shenyang) 이슬람금융 커뮤니티 건설 프로젝트의 자금조달을 이슬람금융 방식으로 주선하였다.

IBFIM은 우리나라 이슬람금융의 도입에도 관심을 보여 국제 담당 임원인 로슬란 씨가 수차례 우리나라를 방문한 바 있다.

말레이시아 이슬람금융연수원 홈페이지

자료: www.ibfim.com

이슬람
금융기관

ISLAMIC
FINANCE

제3장에서는 이슬람금융 업무에 종사하고 있는 이슬람 금융기관들에 대해 살펴보기로 한다. 각 나라별로 이슬람 전업은행의 역사와 현황을 살펴봄으로써 이슬람금융의 발전 현황을 파악할 수 있으리라 본다. 나아가 국내 금융기관들이 국가별 이슬람금융 제휴 파트너를 물색하는 데 참고가 될 것으로 보인다. 한편 이들 이슬람은행들을 중심으로 국제 이슬람은행협회 (International Association of Islamic Banks, IAIB)가 설립되어 있으므로 이 책에 수록되어 있지 않은 이슬람은행들에 대한 정보는 동 협회 또는 이슬람은행 및 금융기관 일반평의회 (GCIBFI)를 통해 얻을 수 있다.

1
사우디아라비아

    19세기부터 정치적 공동체의 형성을 염원해 오던 무슬림들은 1969년에 이슬람 회의기구(Organization of the Islamic Conference, OIC)를 창설하였다. 사우디아라비아의 제다에 본부를 두고 있는 이 기구에는 57개국이 가입해 있다.[1]

    이슬람 회의기구는 이슬람 개발은행의 설립을 주도하는 등 이슬람금융의 발전에도 기여를 하고 있다. 여기에서는 사우디아라비아에 본부를 두고 있는 이슬람 개발은행과 이슬람 전업은행 중 최대 규모를 자랑하는 알라지은행 등 사우디아라비아의 이슬람은행에 대해 살펴보기로 한다.

---

1   이슬람 회의기구 홈페이지(www.oic-oci.org)

이슬람 개발은행

　이슬람 개발은행(Islamic Development Bank, IDB)은 1973년 12월 제다에서 개최된 이슬람국가 장관위원회의에서 설립을 인가받은 국제적인 이슬람 금융기관이다. 이슬람 개발은행은 이슬람국가 뿐만 아니라 각국 내 무슬림 커뮤니티가 통일된 샤리아(Shariah)에 입각하여 금융 거래를 추진하도록 함으로써 각국의 경제 성장과 사회적 진보에 이바지할 수 있도록 하는 데 의의를 두고 있다.

　주된 업무로는 회원국의 경제, 사회적인 성장의 원동력이 될 금융적 지원 뿐만 아니라 기업 및 프로젝트에 대한 자금 지원 등이 있으며, 샤리아를 준수하는 예금 거래와 자본 유치가 가능하다. 그리고 이슬람국가가 아닌 다른 나라의 무슬림 커뮤니티를 위한 특별기금 또는 신탁기금 조성과 같은 업무도 진행하고 있다. 회원국 간의 무역 거래, 그 중에서도 자본재의 교류와 기술적 원조와 샤리아 연구진의 연수 등의 업무이다.

이슬람 개발은행 홈페이지

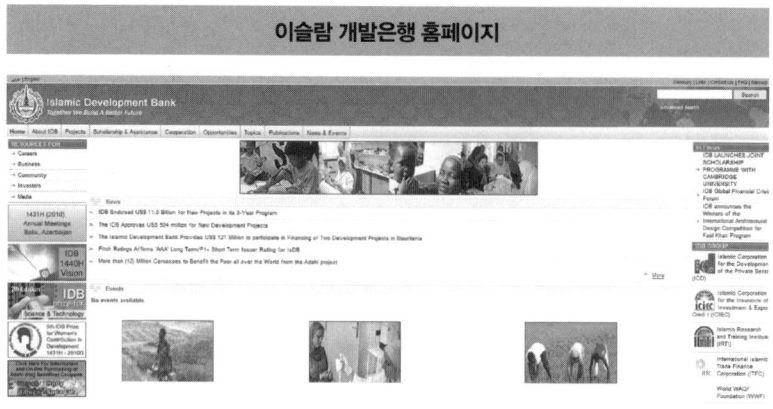

자료: www.isdb.org

이슬람 개발은행에는 현재 54개국이 회원으로 있다. 회원 자격 기준은 이슬람 회의기구(Organization of the Islamic Conference)의 회원국이어야 하고, 기부금 지불에 동의해야 하며 이슬람 개발은행의 규율 조항을 따라야 한다. 이슬람 개발은행 본사는 사우디아라비아의 제다에 위치하고 있다. 1994년에는 모로코의 라밧과 말레이시아의 쿠알라룸푸르에 각각 지사를 설립하였고, 1997년 7월에는 카자흐스탄의 알마티에 사무소가 설립되었다.

이슬람 민간 부문 개발공사

ICD(The Islamic Corporation for the Development of the Private Sector)는 1999년 11월 2일부터 3일까지 사우디아라비아의 제다에서 개최된 '제24회 이슬람 개발은행 위원회의'로부터 인가를 받아 설립되었다.

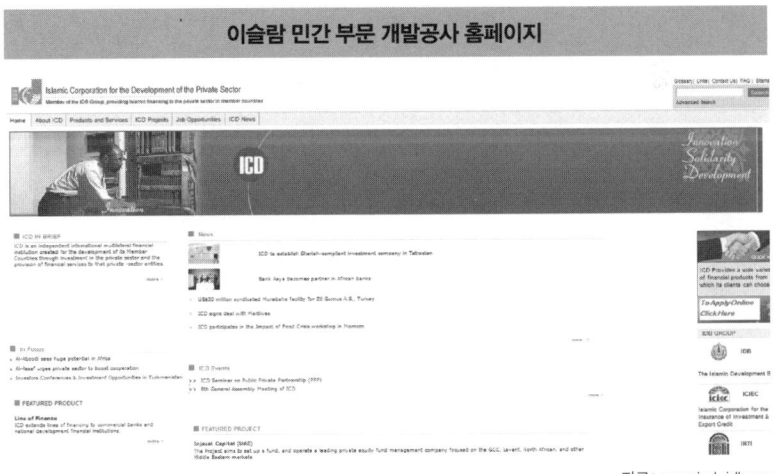

이슬람 민간 부문 개발공사 홈페이지

자료: www.icd-idb.org

제다에 본부를 두고 있는 ICD는 운용자금 10억 달러(USD), 납입자본 5000억 달러(USD)의 튼튼한 재무구조를 지닌 기관이다. 출자된 금액은 이슬람 개발은행이 50%, 회원국가들이 30%, 그리고 회원국가의 공공 금융기관들이 20%의 비율로 조성하였다.

다국적 독립 국제 금융기관인 ICD는 첫째, 민간 부문을 중심으로 투자를 육성하고, 둘째, 민간기업들이 이슬람금융의 도입을 준비함으로써 ICD회원국가의 이슬람금융권의 성장에 이바지하는 데 설립 의의를 두고 있다.

알라지은행

알라지은행(Al Rajhi Bank)은 이슬람 전업은행 중 최대의 자산 규모를 자랑한다. 사우디아라비아의 왕족이 아닌 사람 중에서 가장 부유한 것으로 알려진 알라지(Al Rajhi) 일족이 최대 주주이다. 2009년 말 현재 총자산 330억 달러(USD), 자본금 40억 달러(USD), 550개의 지점을 보유하고 있다. 자산 중 가장 많은 비중을 차지하고 있는 것은 할부판매금융(Installment Sale)으로 약 50%를 차지하고 있다. 알라지은행은 프로젝트 파이낸스 부문에서도 강점을 보이고 있다. 2005년 사우디아라비아 최초의 민간 발전 담수화 프로젝트인 쇼아이바 프로젝트(Shoaiba 3 IWPP)에 기간 20년의 이슬람금융 방식 프로젝트 파이낸스를 제공하였다. 2007년에는 민간 발전 담수화 프로젝트인 마라피크 프로젝트(Marafiq IWPP)에 기간 22년 2억 달러(USD)의 이슬람금융 방식 프로젝트 파이낸스를 제공하였다.

2006년에는 말레이시아에 이슬람 전업은행인 알라지은행 말레이시아(Al Rajhi Banking and Investment Corp Malaysia)를 설립하여 2009년 말 현재 19개 지점을 보유하고 있다. 알라지은행 말레이시아는 예금 (Savings account-i, Current account-i), 자동차금융(Automobile-financing-i) 등의 금융 서비스를 제공하고 있다. 현지화에도 성공하여《이슬라믹 파이낸스 뉴스》로부터 2009년 개인 부문 이슬람은행 최고상(Best Individual Islamic Banker)을 수상하였다.

알라지은행 홈페이지

자료: www.alrajhibank.com.sa

2
UAE

두바이 이슬람은행

두바이 이슬람은행(Dubai Islamic Bank)은 1975년 설립된 세계에서 가장 오래된 이슬람 전업은행이다. 두바이 정부가 약 30%의 지분을 보유하고 있다. UAE 내에 39개 지점을 보유하고 있고 터키, 수단, 레바논 등에 은행 업무, 부동산 업무 관련 자회사를 보유하고 있다.

두바이 이슬람은행은 수쿡 발행 주관 및 프로젝트 파이낸스에 두각을 나타내고 있다. 2006년 12월 총액 35억 2000만 달러(USD)에 달하는 나킬 사의 이자라 수쿡 발행을 주관하였다. 주요한 이슬람금융 방식 프로젝트 파이낸스 실적으로는 돌핀에너지 프로젝트(Dolphin Energy Project), 두바이 국제공항 확장 프로젝트, 바레인 석유공사의 시트라(Sitra)정유소 확장 프로젝트 등이 있다.

두바이 이슬람은행 홈페이지

자료:www.alislami.ae

샤르자 이슬람은행

샤르자 이슬람은행(Sharjah Islamic Bank)은 UAE의 샤르자수장국에 1975년 설립된 전통은행 샤르자 내셔널은행(National Bank of Sharjah) 이 2002년 이슬람 전업은행으로 전환하면서 탄생한 은행이다. 세계 최초로 전통은행에서 이슬람 전업은행으로 전환한 은행이라 할 수 있다. 샤르자수장국 정부가 27%, 쿠웨이트 파이낸스 하우스가 20%의 지분을 보유하고 있다. 2008년 말 현재 총자산은 155억 디램(AED)으로 두바이 이슬람은행, 아부다비 이슬람은행에 이어 세 번째 규모의 은행이다. 자산운용 내용을 보면 리스자산이 약 46%를 차지한다. 이 은행은 부동산 부문에도 강점을 갖고 있어 2006년에는 국영호텔 주식 100%를 인수하였고 2007년에는 부동산개발회사를 설립한 바 있다.

샤르자 이슬람은행 홈페이지

자료: www.sib.ae

3

쿠웨이트

쿠웨이트 파이낸스 하우스

쿠웨이트 파이낸스 하우스(Kuwait Finance House)는 1977년 쿠웨이트 정부가 출자하여 설립된 쿠웨이트 최초의 이슬람 전업은행이다. 2001년 쿠웨이트 증권거래소에 상장되면서 쿠웨이트 정부 지분은 49%로 되었다. 쿠웨이트 국내에 42개 지점을 보유하고 있다.

쿠웨이트 파이낸스 하우스는 《유로머니》 지에 의해 중동 지역 최우수 부동산 금융기관과 쿠웨이트 최고 은행으로 선정된 바 있다. 특히 부동산금융에 대해 강점을 갖고 있는데 KFH 아시아 부동산펀드 등을 운영하고 있다. 중국의 난하이(Nan Hai) 사와 제휴하여 중국의 부동산에도 투자하고 있다.

해외 진출에도 적극적인 쿠웨이트 파이낸스 하우스 그룹은 터키에 KFH터키(KFH-Turkey)를 설립하여 113개의 지점을 보유하고 있다. 2002년에는 바레인에 KFH바레인(KFH-Bahrain)을 설립하였는데 이 은행은 대형 부동산 개발 프로젝트인 디야르 알 마랑 프로젝트(Diyar Al Mahrag Project)의 투자를 주도하였다. 말레이시아에 KFH말레이시아(KFH-Malaysia)를 설립하였으며 이 은행은 이스칸다르 도시 개발 프로젝트(Iskandar City Development Project)의 투자를 주도하였다.

쿠웨이트 파이낸스 하우스 그룹은 우리나라의 프로젝트에 대한 투자에도 매우 적극적인 것으로 알려져 있다. 2009년에는 KTB투자증권과 함께 우리나라의 신성장 동력펀드 조성에 참여하기도 하였다.

쿠웨이트 파이낸스 하우스 홈페이지

자료 : www.kfh.com

4
카타르

카타르 이슬람은행

카타르 이슬람은행(Qatar Islamic Bank)은 1982년 카타르에 최초로 설립된 이슬람 전업은행이다. 카타르 최대의 이슬람 전업은행으로 카타르 내에 18개 지점을 보유하고 있다. 레바논에 아랍 파이낸스 하우스(Arab Finance House), 바레인에 걸프 파이낸스 하우스(Gulf Finance House), 예멘에 타다몬 이슬람은행(Tadamon Islamic Bank), 말레이시아에 아시안 파이낸스 뱅크(Asian Finance Bank), 영국에 유러피언 파이낸스 하우스(European Finance House) 등 관련 회사를 설립하여 폭넓게 업무를 확대하고 있다.

카타르 내셔널은행

카타르 내셔널은행(Qatar National Bank)은 1962년 카타르 정부와

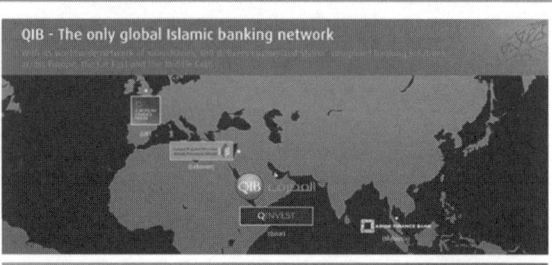

자료：www.qib.com.qa

민간이 각각 50%씩 출자하여 설립된 카타르 최대의 상업은행이다. 이 은행의 이슬람금융은 2005년 4월 설립된 100% 자회사인 카타르 내셔널은행 알 이슬라미(Qatar National Bank Al Islami)를 통해서 이루어지고 있다.

이 자회사는 카타르 내에 7개 거점, 해외에 4개 사무소를 두고 있다. 한편 자회사는 2006년에는 카타르 부동산 투자회사(Qatar Real Estate Investment Company, QREIC)의 2억 7000만 달러(USD)의 수쿡 발행 관련 업무를 주관한 바 있다.

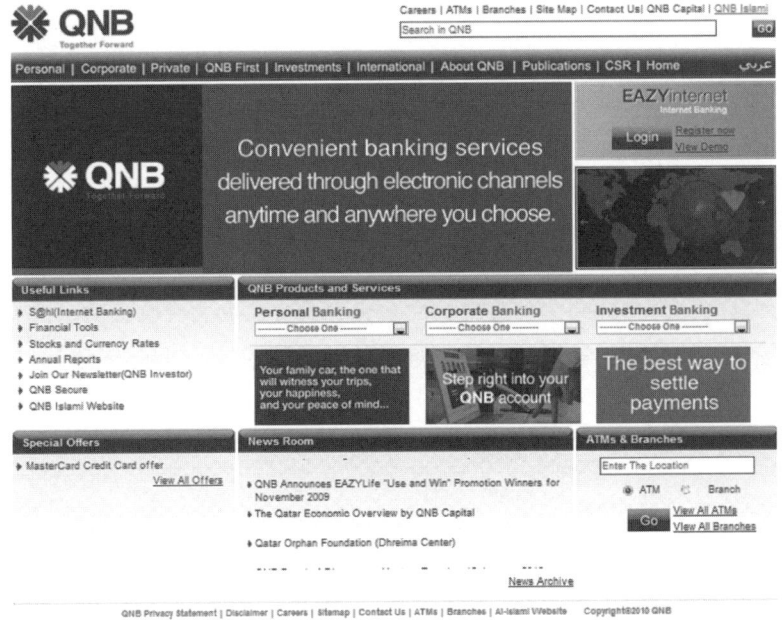

자료: www.qnb.com.qa

이 수쿡은 2005년 카타르 정부에 의해 설립된 카타르 금융센터
(Qatar Financial Center)가 발행한 최초의 수쿡이다.

카타르 내셔널은행 알 이슬라미는 2006년 전통은행의 융자채권
을 이슬람 금융상품으로 변환하는 타와룩 방식(Tawarruk Scheme)을
개발하였다. 이 외에도 대형 제조 플랜트, 항공기, 선박 등의 장기
프로젝트에 이스티스나 방식이나 이자라 방식으로 투자한 실적이
있다.

5
바레인

바레인 이슬람은행

바레인 이슬람은행(Bahrain Islamic Bank)은 1979년에 설립된 바레인 최초의 이슬람 전업은행이다. 바레인 증권거래소에 상장되어 있으며, 바레인 내 12개 지점을 보유하고 있다.

주요 주주는 알마다 파이낸스 인베스트먼트(Almadar Finance & Investment Co), KSCC(40%), 이슬람 개발은행(13%), 제너럴 카운슬 오브 쿠웨이트 아와카프(General Council of Kuwait Awaqaf, 8.7%), 시큐리티 하우스 SAKC(The Securities House SAKC, 7.6%), 두바이 이슬람은행(4.4%) 등이다.

2008년 말의 총자산은 약 8억 7000만 바레인 디나르(BD)이며 이 중 무라바하와 관련된 자산이 약 4억 2000만 바레인 디나르(BD)로 48.5%를 차지하고 있다.

이 은행은 부동산 부문에 힘을 쓰고 있어 기간 20년의 주택금융 상품을 제공하고 있으며, 바레인 파이낸셜 항구(Bahrain Financial Harbor) 등의 인프라 설비와 관련된 프로젝트의 수쿡 발행을 주관하기도 하였다.

바레인 이슬람은행 홈페이지

자료: www.bisbonline.com

알바라카 금융그룹

알바라카 금융그룹(Albaraka Banking Group)은 GCC(Gulf Cooperation Council, 걸프협력기구)각국, 아프리카, 파키스탄에서 영업을 하는 10개

은행 및 기타 금융기관을 총괄하는 금융지주회사로 2002년 바레인에 설립되었다. 설립 당시의 출자 비율은 사우디아라비아의 달라 알바라카(Dallah Al-Baraka) 재벌의 오너인 세이크 살레 압둘라 카멜(Shaikh Saleh Abdullah Kamel)이 51%, 바레인의 달라 알바라카 지주회사(Dallah Al Baraka Holding Company)가 49%이었다. 동 그룹은 2006년 바레인과 두바이의 증권거래소에 상장되었다.

알바라카 금융그룹 산하의 주요 은행		
은행명	설립년도	소재지 및 주요 내용
Jordan Islamic Bank	1978년	요르단 최초의 이슬람 전업은행
AlBaraka Turk Participation Bank	1984년	터키의 이슬람 전업은행
The Egyptian Saudi Finance Bank	1980년	이집트의 이슬람 전업은행 2개 중 하나
Banque Albaraka D'Algerie	1991년	알제리 유일의 이슬람 전업은행
AlBaraka Islamic Bank B.S.C	1984년	바레인에 역외투자은행으로 설립되어 1998년 상업은행 인가 취득
Al Amin Bank	1987년	바레인에 투자펀드로 설립되어 2001년 이슬람 투자은행 인가 취득. 2007년 알바라카 이슬람은행(AlBaraka Islamic Bank) B.S.C와 합병
AlBaraka Bank Sudan	1984년	수단의 26개 은행 중 자산 규모 11위
Bank Et-Tamweel Al-Tunisi Al-Saudi	1983년	튀니지에 역외은행으로 설립되어 1985년 이후 일부 역내은행 업무를 개시한 동국 유일의 이슬람 전업은행
AlBaraka Bank	1989년	남아프리카 공화국 최초, 유일의 이슬람 전업은행
AlBaraka Bank Lebanon	1992년	레바논 최초의 이슬람 전업은행. 4개 이슬람 전업은행 중 하나
AlBaraka Islamic Bank	1991년	파키스탄의 이슬람 전업은행

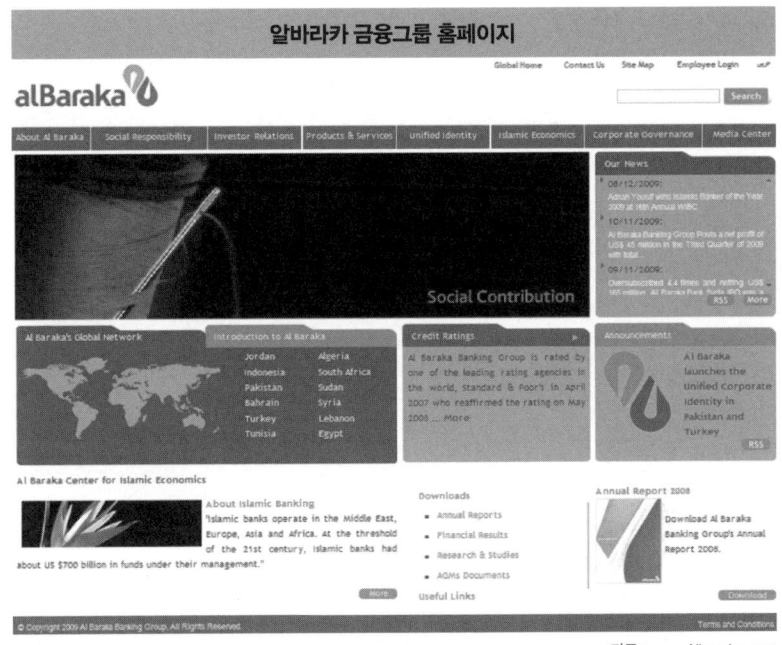

알바라카 금융그룹 홈페이지

샤밀은행

샤밀은행(Shamil Bank)은 1982년 설립된 이슬람 전업은행이다. 2006년 바레인의 투자은행인 이스마은행(Ithmaar Bank)이 이 은행의 주식 60%를 취득하여 최대 주주가 되었다. 샤밀은행의 투자 부문이 주간사 및 금융자문회사로 이스마은행의 주식공개(IPO)를 성공시켰는데 이스마은행은 이 공모자금으로 샤밀은행의 주식 60%를 취득한 것이다. 이 은행은 2006년 중국국제 투자신탁회사(CITIC)와 1억 달러 규모 중국 부동산 전용 이슬람펀드를 조성한 바 있다.

펀드는 샤밀은행의 자회사인 CIAM 샤밀 에셋 매니지먼트(CIAM-Shamil Assets Management)와 중국국제 투자신탁회사 그룹이 공동으로 운영하고 있다.

이 펀드의 정식 명칭은 샤밀 차이나 부동산 모다라바(Shamil China
Realty Modaraba)이며 각 안건에 대해 투자 기간 4년, 연18%의 수익률
(Expected IRR)을 목표로 투자가 이루어졌다. 지금까지 6건의 프로젝
트를 검토하여 4건의 프로젝트에 투자한 것으로 알려져 있다. 투자
프로젝트는 텐진 슈앙 빌리지 재개발 프로젝트(Tianjin Shuang Village
Redevelopment Project), 충칭 뉴 블루 베이 시티(Chongqing New Blue
Bay City), 쩌지앙 빈지앙 건설(Zhejiang Binjiang Construction), 난징 펄
스프링 골프빌(Nanjing Pearl Spring Golf Vill) 등 투자 지역과 내용이 다
양하다.

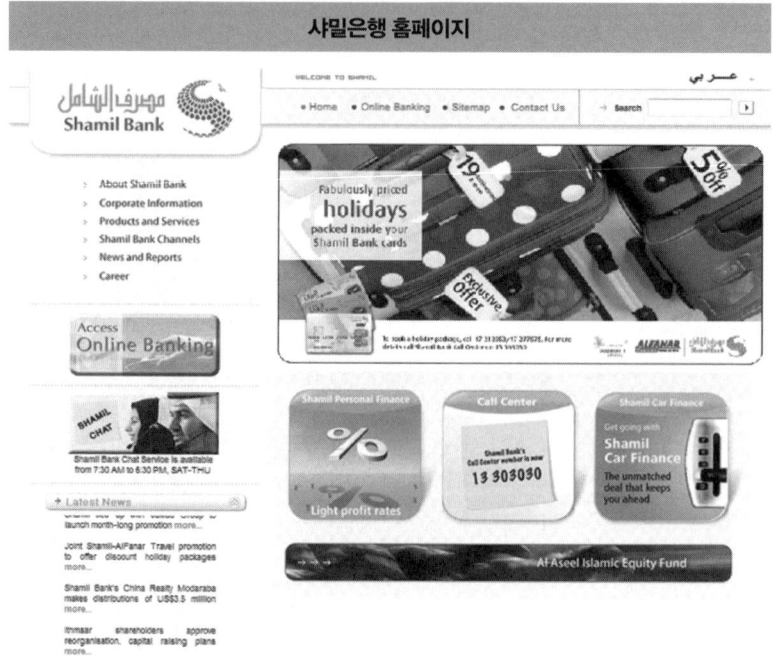

자료 : www.shamilbank.net

걸프 인터내셔널은행

걸프 인터내셔널은행(Gulf International Bank)은 1975년 바레인에 설립된 전통은행이다. 이 은행은 바레인, 쿠웨이트, 오만, 카타르, 사우디아라비아, UAE 정부가 각각 12.1%, 사우디아라비아 통화청이 27.5%를 출자하여 설립하였다. 이 은행은 이슬람 창구를 통해 이슬람금융을 취급하고 있다. 즉 GIB 자체는 전통은행이나 이슬람 창구를 통한 이슬람금융 취급 실적은 상당하다. 2006년에만 전력, 석유정제 등 프로젝트를 중심으로 30억 달러(USD) 이상의 이자라 수쿡을 주선하였다. GIB의 이슬람 창구가 제공하는 상품 및 서비스는 무역금융, 프로젝트금융, 수출금융, 자산 담보부금융, 구조화금융, 기업금융, 사모주식투자, 선박금융, 인수금융 등으로 매우 다양하다.

걸프 인터내셔널은행 홈페이지

자료: www.gibonline.com

6
파키스탄

미잔은행

미잔은행(Meezan Bank)은 2002년에 파키스탄의 중앙은행인 파키스탄 스테이트은행(State Bank of Pakistan)으로부터 자국 내 최초의 이슬람 전업은행 면허를 취득하였다.

이 은행의 주주 구성은 파키스탄 정부와 쿠웨이트 정부의 합자투자회사인 파키스탄 쿠웨이트 투자회사(Pakistan Kuwait Investment Company Limited)가 30%, 바레인의 샤밀은행(Shamil Bank)이 26%, 이슬람 개발은행(Islamic Development Bank)이 9%로 되어 있다.

미잔은행은 2006년 말 21개 도시 62개 지점, 2008년 말 40개 도시 166개 지점이었으나, 2009년 말에는 54개 도시에 200개 지점을 보유할 정도로 성장하였다. 이러한 성장에 따라 미잔은행은 파카스탄 내 이슬람 금융시장 점유율이 50%에 달하고 있다. 인터넷 금융의 활성화 등으로 파키스탄 금융산업 발전에 기여하고 있는 이 은행은 말레이시아의 INCEIF와 계약을 체결하여 새로운 이슬람 금융상품을 개발하고 있다.

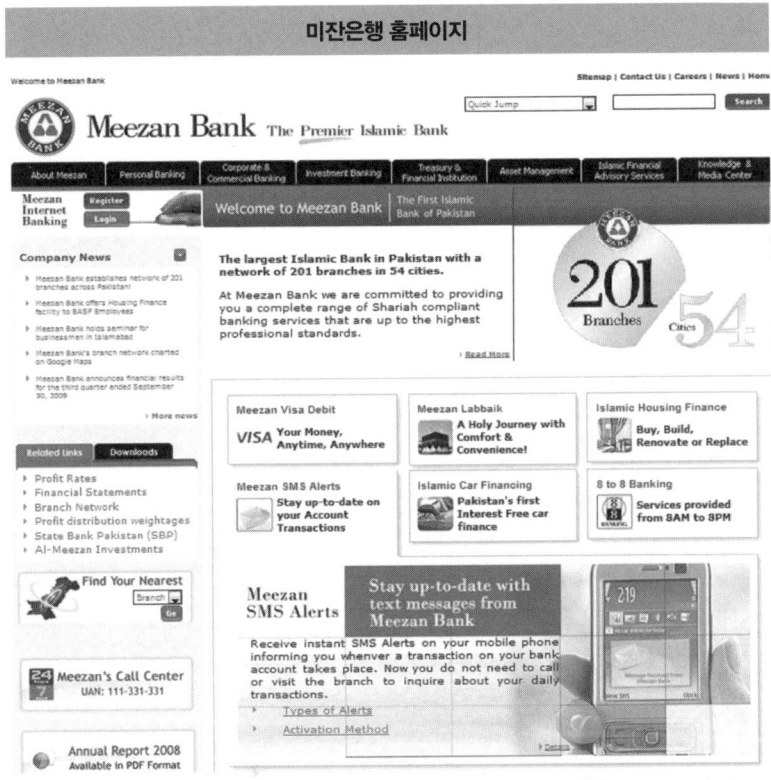

자료: www.meezanbank.com

7

말레이시아

이슬람 말레이시아은행

이슬람 말레이시아은행(Bank Islam Malaysia Berhad, BIMB)은 1983년에 말레이시아 최초의 이슬람 전업은행으로 설립되어, 1992년 말레이시아 증권거래소에 상장되었다. 말레이시아 국내에 93개 지점을 갖고 있다. 2005년 이후 부실채권 문제로 적자가 지속되어 신규 유상증자를 실시하여 두바이의 투자펀드인 두바이 파이낸셜(Dubai Financial LLC.)이 40%, 말레이시아 순례자펀드인 렘바가 타붕 하지(Lembaga Tabung Haji)가 9%의 지분을 보유하고 있다. 2009년 6월 말 현재 총 자산은 274억 링기트이다.

BIMB는 1983년 설립 이래 이슬람 금융상품을 선도적으로 개발하여 왔다. 와디아예금(Wadiah Current Account 및 Wadiah Savings Account), 무다라바 대출(Mudharabah Financing) 등 이 은행이 개발한 이슬람 금융상품이 이슬람은행의 상품 표준이 된 경우도 많다.

BIMB가 발간한 '은행 상품 및 서비스 제공시의 샤리아 계약 규칙 (Application of Shariah Contracts in Bank Islam's Products and Services)'을 살펴보면 BIMB가 취급하고 있는 이슬람 금융상품에 대한 내용 뿐만 아니라 BIMB가 다른 이슬람은행의 상품 개발에 끼친 영향을 파악할 수 있다.

BIMB은행 홈페이지

자료: www.bankislam.com.my

CIMB 이슬람은행

CIMB 이슬람은행(CIMB Islamic Bank)은 말레이시아 2위 금융그룹인 CIMB그룹의 지주회사인 부미푸트라 커머스홀딩(Bumiputra-Commerce Holding) 산하의 이슬람 전업은행이다. 이 은행은 ISI 이머징 마켓(ISI Emerging Market) 사의 2006년 전세계 이슬람 리그표(Global Islamic League Table)에서 수쿡 발행 주관 실적 세계 1위를 기록할 만큼 이슬람금융 분야에서 높은 실적을 보이고 있다.

CIMB 이슬람은행 홈페이지

자료: www.cimbislamic.com

무아말라트 말레이시아은행

무아말라트 말레이시아은행(Bank Muamalat Malaysia, BMM)은 1999
년에 말레이시아에서 두 번째로 설립된 이슬람 전업은행이다. 설립
당초에는 정부계 투자회사인 카자나 국립 버하드(Khazanah Nasional
Berhad)가 70%, 커버스 에셋 홀딩스 버하드(Commerce Asset-Holdings
Berhad)가 30%를 출자하였으나, 2004년 이후에는 부카리 캐피털
(Bukhary Capital Sdn Bhd)이 70%, 카자나 국립 버하드가 30%의 지분
을 보유하고 있다. 말레이시아 국내에 43개의 지점을 보유하고 있다.

BMM은행 홈페이지

자료: www.muamalat.com.my

8
영국

유럽 이슬람 투자은행

유럽 이슬람 투자은행(European Islamic Investment Bank, EIIB)은 2005년 1월 영국 금융서비스위원회(Financial Services Authority, FSA) 로부터 이슬람 투자은행으로 인가를 받아 설립되었다. 주요 주주로 는 카타르 이슬람은행(Qatar Islamic Bank) 등 중동의 투자가들이 참여 하고 있다.

2006년 5월에는 25% 상당의 주식을 런던증권거래소의 AIM (Alternative Investment Market)에 상장하여 7300만 파운드의 자금을 조달하였다. 런던에 거점을 두고 있으나 2006년 말에는 바레인에 사무소를 개설하였다.

EIIB는 설립 당시부터 투자은행 서비스 및 이슬람 부유층을 대상 으로 한 금융상품 제공을 목표로 하고 있다. 지금까지 범유럽 부동산펀드(Pan European Real Estate Fund), EIIB 주식펀드(EIIB Secured Equity Fund) 등을 출시하였다. 2008년에는 요하네스버그 주식시장 (JSE)과 영국의 AIM에 상장되어 있는 다이아몬드 사(Diamond Corp) 주식에 1800만 파운드를 투자하였다.

유럽 이슬람 투자은행 홈페이지

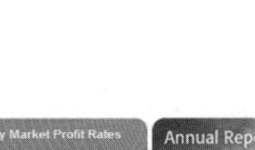

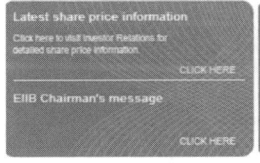

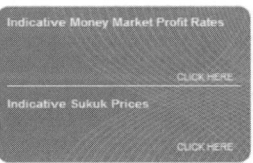

자료: www.eiib.co.uk

영국 이슬람은행

영국 이슬람은행(Islamic Bank of Britain, IBB)은 2002년 7월 영국 최초의 이슬람 전업은행으로 설립되었다. 2004년 8월 영국 금융서비스위원회로부터 허가를 취득하여 2004년 9월 영업을 개시하였다.

본점은 이슬람교 주민이 많이 거주하는 버밍엄(Birmingham)에 두고 있다. 런던에 최초의 지점을 개설한 이래 맨체스터 등에 7개의 지점을 개설하였다. 이 은행은 설립 당시에는 카타르 인터내셔널 이슬람은행(Qatar International Islamic Bank)을 포함한 중동의 금융기관이나 개인 투자자로부터 1400만 파운드의 자금을 사모 방식으로 조달하였다. 2004년 런던증권거래소의 AIM에 상장하여 약 3800만 파운드의 자금을 조달하였다.

자료: www.islamic-bank.com

9

싱가포르

아시아 이슬람은행

아시아 이슬람은행(Islamic Bank of Asia, IBA)은 2007년에 싱가포르 최초의 이슬람 전업은행으로 설립되었다. 주요 주주는 싱가포르 최대 은행인 DBS가 50%, 사우디아라비아, 바레인 등 걸프협력기구(GCC) 회원국가들의 30개 이상 투자자가 약 50%를 투자하여 설립하였다.

자본금은 5억 달러(USD)이며, 기업 금융 및 자본시장 관련 상품 및 서비스를 제공하고 있다. 2008년 바레인에 사무소를 개설하였다.

또한 2008년 UAE에 기반을 둔 탬월 PJSC(Tamweel PJSC) 사의 신디케이트 무다라바 파이낸싱(Syndicated Mudharabah Financing) 2억 5000만 달러(USD) 주선 등 기업 금융 부문을 중심으로 실적을 올리고 있다.

2009년 1월에는 싱가포르 통화청으로부터 싱가포르 최초의 2억 싱가포르 달러 수쿡(Sukuk Al-Ijarah) 발행 주간 업무를 획득하였다.

그리고 2009년 5월에는 전통금융의 정기예금과 유사한 미국 달러 기준 이슬람 유동성 상품을 출시하였다. 이는 무라바하 계약을 기초로 한 상품으로 전통금융의 정기예금보다 약간 높은 수익률을 보였다.

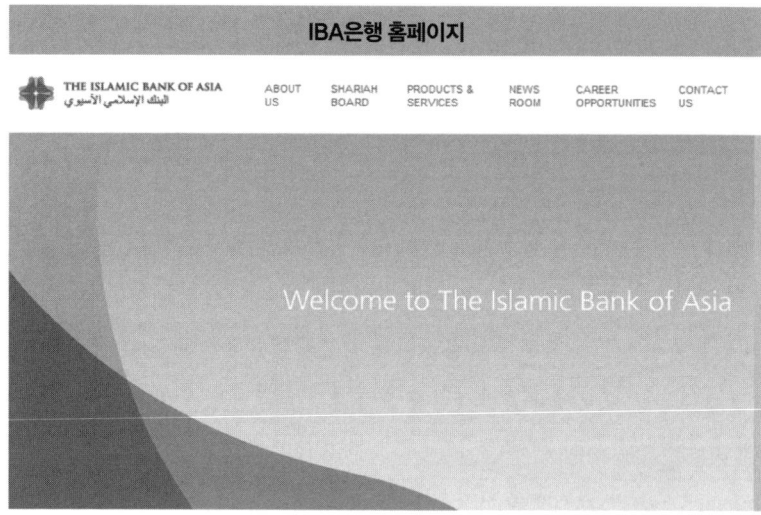

IBA은행 홈페이지

자료: www.islamicbankasia.com

10
스위스

파이잘 프라이빗은행

파이잘 프라이빗은행(Faisal private bank)은 2006년에 설립된 스위스 최초의 이슬람 전업은행이다. 이 은행은 바레인의 이스마은행(Ithmaar Bank)이 100% 출자하여 설립하였다. 이스마은행은 1984년 바레인에서 바레인 파이잘 투자은행(Faisal Investment Bank of Bahrain, FIBEC)으로 설립되었다.

이후 2005년 이스마은행은 바레인 주식시장에 상장되었다. 현재 이스마은행은 이슬람금융 산업에서 비정부계 중 최대 규모를 자랑하고 있다.

파이잘 프라이빗은행은 틈새시장을 공략하고 있는데, 동유럽의 부동산, 일본과 아시아의 주식, 탄소배출권증서 등과 같은 시장에서 강점을 보이고 있다.

한편 이슬람은행 및 금융기관 일반평의회에 따르면 스위스에는 파이잘 프라이빗 은행 외에 이슬람 투자회사인 DMI(Dar Al Mal Al Islamic Trust)와 엔코어(Encore) 사가 있다. 제네바에 기반을 두고 있는 엔코어는 2008년 사우디아라비아 이슬람 부동산펀드를 출시하였다. DMI는 이슬람은행인 이스마은행의 주식 40%를 보유하고 있고 이집트 파이잘 이슬람은행(Faisal Islamic Bank of Egypt) 주식 40%를 보유하고 있다.

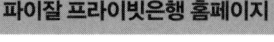

파이잘 프라이빗은행 홈페이지

자료: www.faisalprivatebank.com

11
타이

타이 이슬람은행

타이 이슬람은행(Islamic Bank of Thailand)은 불교 국가의 인상이 강한 타이의 이슬람은행이다. 타이에 이슬람금융이 도입된 것은 말레이시아와 가까운 타이 남부에 무슬림이 다수 거주하는 것이 배경이 되었다. 1987년 팟타니 이슬람저축협동조합이 설립되었고, 1998년 정부 저축은행이 이슬람금융 창구를 개설하였다. 2001년에는 크룬타이 은행이 이슬람 전문 지점을 개설하였다.

이후 2002년에 특별법인 'Islamic Bank of Thailand Act(20002)'의 성립과 함께 이슬람 전업은행인 타이 이슬람은행이 설립되었다. 타이 남부의 무슬림에 대한 금융서비스 제공을 위해 설립되었으며, 타이 정부가 주식의 48.54%를 보유하고 있다.

타이 이슬람은행은 중소기업은행, 수출입은행, 농업은행, 저축은행과 같은 정부 소유의 은행이라고 할 수 있다.

타이 이슬람은행은 타이 남부의 송클라, 얄라, 파타니 등 3개 주를 중심으로 영업하고 있다. 또한 2009년에는 말레이시아에서 2억 달러(USD) 규모의 수쿡 발행을 발표한 바 있다.

자료: www.ibank.co.th

12

필리핀

알아마나 이슬람 투자은행

알아마나 이슬람 투자은행(Al-Amanah Islamic Investment Bank of the Phillippines, AAIIBP)은 필리핀 최초의 이슬람은행이다. 필리핀은 카톨릭교가 국민의 대부분을 차지하는 나라로 무슬림은 약 5% 정도인데 민다나오섬 서부를 중심으로 거주하고 있다. 이슬람 전업은행인 알아마나 이슬람 투자은행은 1996년 중앙은행(Banko Sentral ng Pilipinas)으로부터 이슬람 전업은행 면허를 취득하였다. 이후 2007년 DBP(Development Bank the Phillippines)가 70%의 지분을 취득하였으며, 현재는 80%의 지분을 보유하고 있다.

2009년 DBP는 보유 지분을 최대 40%까지 중동의 이슬람 투자기관에게 매각할 의사가 있음을 발표하였으나, 아직까지 파트너가 결정되지 않고 있다.

AAIIBP는 무슬림이 많이 거주하는 다바오(Davao) 등에 9개 지점을 보유하고 있다. AAIIBP는 필리핀 최초의 이슬람은행으로 주목은 받고 있지만 무다라바와 무샤라카 형태의 영업 비중이 적고 이자 기반 금융이 공존한다는 점 때문에 일부 학자들로부터 이슬람금융이 아니라는 평가를 받기도 하였다.[2]

알아마나 이슬람 투자은행 홈페이지

HOME | JOB POSTING | CONTACT US

Islamic Bank
Al-Amanah Islamic Investment
Bank of the Philippines

JOB POSTING

December 18, 2009 - January 7, 2010

LOANS and CREDIT EVALUATOR II,
SG-13 (1 position)

BOOKKEEPER III, SG-10 (1 position)

FOREIGN CURRENCY \\

US$ vs. PHP
Buying = 49.50
Selling = 50.30

as of 12/04/08

FOR SALE/BID \\

Acquired Assets
Invitation to Bid

advertisements

Welcome to Al-Amanah!

AAIIBP is the only bank in the Philippines authorized to offer Islamic banking. It is also licensed to do both commercial and investment banking services, similar to a universal bank.

click here for historical background

PRODUCTS AND SERVICES \\

SHARIA BANKING

LOANS & GRANTS

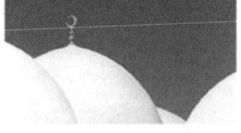

The AAIIBP offers deposit products (savings, current and general investment accounts) for both Peso and Dollar denominated accounts.

DBP's full ownership of AAIIBP is expected to restore and enhance depositor's confidence.

AAIIBP shall also cater to the banking needs of the ARMM LGUs and to national and multi-national organizations that are presently providing assistance in the development of Muslim Mindanao. It shall initiate negotiations to be a conduit bank between donor countries and ARMM and other Muslim related agencies.

AAIIBP Contact Information & Site Addresses

자료: www.al-amanahbank.com.ph

---

2 홍성민, 〈이슬람은행과 금융〉, 중동연구, 제18-1권, 한국외국어대학교 중동연구소, 1999, 참조

13
미국

라리바

라리바(Lariba)는 1987년에 설립된 캘리포니아 주 소재 이슬람금융 전업 금융기관이다.

무슬림 고객들을 대상으로 주택금융(Home Financing), 자동차금융(Auto Financing) 등의 금융상품을 제공하고 있다.

한편, 이슬람은행 및 금융기관 일반평의회(GCIBFI)에 가입된 미국의 이슬람 금융기관으로는 아마나 투자펀드(Amana Trust Income Fund), 샤리아 캐피털(Shariah Capital), 유니버시티 이슬람 파이낸셜(University Islamic Financing) 등이 있다.

이러한 미국의 이슬람금융 제공 금융기업은 라리바와 같이 대부분 규모가 작으며 주로 주택 모기지 상품을 제공하고 있다.

그러나 약 700만 명에 달하는 미국 내 무슬림 인구를 배경으로 이슬람금융이 확대되는 분위기이다.

정부 차원에서 이슬람금융을 육성한다는 방침은 없다. 그러나 미국 재무부 통화감독청인 OCC(Office of Comptroller of the Currency)는 이슬람금융 관련 2개의 지침을 정하는 등 공식적인 가이드라인을 제공하고 있다.[3] 2개의 지침은 1997년에 제정한 이자라에 대한 지침과 1999년에 정한 무라바하 지침이다.

라리바은행 홈페이지

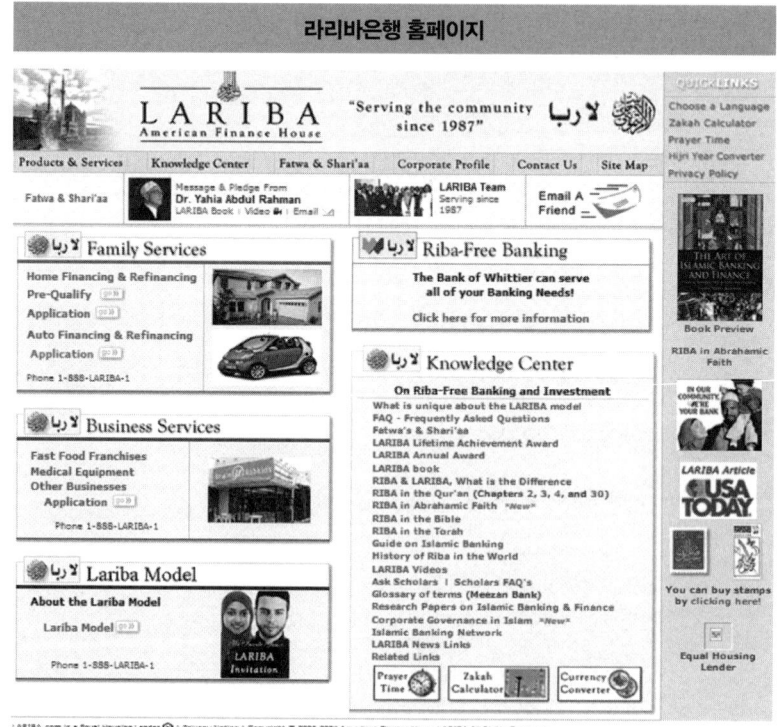

자료: www.lariba.com

---

3   Thomas C. Baxter, JR. 〈Regulation of Islamic Financial Services in the United States〉, Mar. 2, 2005.

14
인도네시아

샤리아 만디리은행

샤리아 만디리은행(Bank Syariah Mandiri, BSM)은 1999년 설립된 인도네시아의 이슬람 전업은행이다. 이 은행의 전신은 1973년에 설립된 수시라(Susila)은행이다. 1999년 이 수시라은행이 전통은행에서 이슬람은행으로 전환되었으며, 은행명도 샤리아 만디리은행으로 변경되었다. 현재의 최대 주주는 인도네시아 정부가 최대 주주로 있는 만디리은행(Bank Mandiri)이다.

2003년 2188만 달러(USD)무라바하 수쿡을 발행하고, 2009년에는 약 1460만 달러(USD) 이슬람금융 방식 신디케이트론을 해운회사에 대한 선박금융을 주선하는 등 인도네시아의 이슬람금융을 선도하고 있다. 인도네시아에는 BSM외에도 이슬람 전업은행으로 인도네시아 샤리아 무아왈라트은행(Indonesian Sharia Bank Muawalat)과 네가라 인도네시아은행(Bank Negara Indonesia Bank, BNI)이 있다.

한편 인도네시아 이슬람 금융시장에서는 2009년 카타르 이슬람 은행의 말레이시아 현지 은행인 아시안 파이낸스 뱅크(AFB)가 사무소 설립과 투자펀드 조성을 발표한 바 있다. 또한 2009년 9월에는 자산 규모 4위인 PT 뱅크 네가라 인도네시아(PT Bank Negara Indonesia)가 이슬람은행 부문을 분리하였다. 중동 지역의 외국인 투자를 유치해 경쟁력을 강화하기 위한 조치로 보인다. 어쨌든 세계에서 가장 많은 무슬림 인구를 배경으로 향후 인도네시아의 이슬람 금융시장이 더욱 빠르게 성장할 것으로 전망된다.

샤리아 만디리은행 홈페이지

자료: www.syariahmandiri.co.id

15
방글라데시

방글라데시 이슬람은행

방글라데시 이슬람은행(Islami Bank Bangladesh Limited, IBBL)은 1983년 3월 설립된 방글라데시 최초의 이슬람 전업은행이다. 설립 이후 이슬람 개발은행(IDB), 이슬람은행 등의 협력에 힘입어 방글라데시의 민간 은행을 대표하는 은행이 되었다. 2008년 말 현재 총자산은 2300억 다카이며, 196개 지점을 보유하고 있다. 은행 주식의 57.36%를 외국인 투자자가 보유하고 있다.

무슬림 인구가 전 세계에서 인도네시아에 이어서 두번째로 많은 1억 2700만 명인[4] 방글라데시에는 IBBL 외에도 알 아라파 이슬람은행(Al Arafah Islamic Bank), 퍼스트 시큐러티 이슬람은행(First Security

---

4   www.islamicpopulation.com의 통계 자료

Islamic Bank Ltd, FSIBL), ICB 이슬람은행(ICB Islamic Bank Ltd), 이슬람
은행 재단(Islamic Bank Foundation, IBF) 등 다수의 이슬람 금융기관이
있다.

방글라데시는 무슬림 인구가 많으나 이슬람금융의 발전 속도가
빠른 편은 아니다. 여러 가지 원인이 있으나 방글라데시 금융 당국
의 각종 규제 조치가 가장 큰 이유로 보인다. 방글라데시의 이슬람
금융기관은 특정 기업의 주식을 15% 이상 취득하지 못하도록 규정
하고 있다. 또한 이슬람금융의 핵심인 무샤라카 방식도 허용하지 않
고 있다.

방글라데시 이슬람은행 홈페이지

자료: www.islambankbd.com

이슬람
투자펀드

ISLAMIC
FINANCE

샤리아를 따르는 투자펀드시장은 급속하게 성장하고 있다. 투자 대상도 주식, 채권, 부동산, 선박 등 다양화되어 가고 있다. 이 장에서는 이슬람 투자펀드의 현황과 상품의 특성 등을 살펴보기로 하자. 이러한 투자펀드를 알아봄으로써 이슬람 금융시장의 발전 가능성을 예측할 수 있을 것이다.

1
이슬람 투자펀드 현황

우리나라의 자본시장과 금융투자업에 관한 법률의 정의에 의하면 펀드(Fund)는 투자자의 자금을 모아 하나의 집합으로 구성한 투자 단위인 집합투자기구를 총칭하는 말이다.

이슬람 투자펀드는 위에서 정의한 전통금융에서의 펀드와 마찬가지로 출자자(투자자)로부터 운영자금을 모아 주식, 채권, 부동산, 상품 등에 투자를 하여, 발생한 이익을 출자자에게 환원한다. 제1장에서 설명한 '무다라바'라는 거래 형태로 샤리아 적격의 주식, 수쿡(이슬람채권), 부동산 등에 투자하는 것이다. 최근 몇 년간 이슬람 투자펀드시장이 급속히 확대되어 오면서 투자자의 투자 목적 필요성에 맞도록 자산 유형 각 분야에서 다양한 샤리아 인증펀드가 출시되고 있다.

이슬람금융 정보제공회사인 유레카헤지(Eurekahedge)의 자료에 따르면 2008년 4월 현재, 이슬람 투자펀드는 전세계적으로 504개에 달하며, 총 위탁 자산은 34억 달러(USD)로 추정된다.[1]

아래 그림은 이슬람 투자펀드의 성장을 보여주고 있는데 지난 10여 년간의 펀드의 수 측면에서 매년 28% 이상 성장하고 있는 것을 알 수 있다.

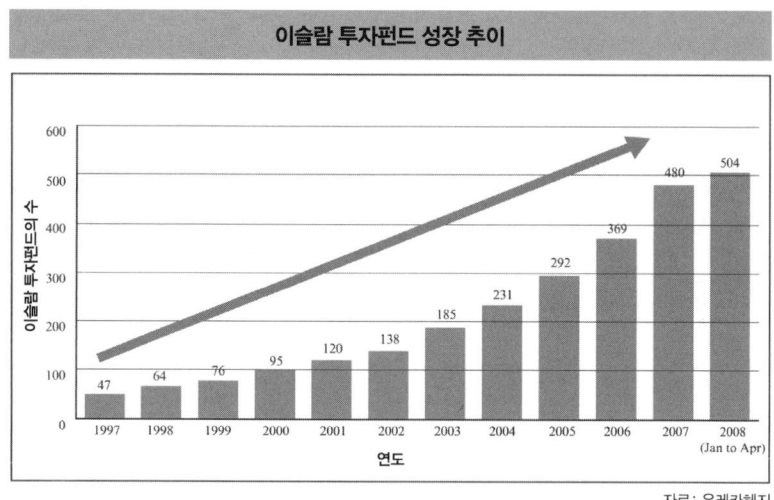

이슬람 투자펀드 성장 추이

자료: 유레카헤지

국가적으로 보면 사우디아리비아와 말레이시아가 이슬람 투자펀드 시장을 선도하고 있다.

다음 도표는 2008년 4월 말 기준 총 504개의 이슬람 투자펀드를 펀드 운영자의 국가별로 구분해 본 것이다. 사우디아라비아가 26%,

---

1 개별 이슬람 투자펀드에 대한 자료는 Eurekahedge(www.eurekahedge.com)의 홈페이지에서 검색 가능하다.

말레이시아가 25%이다. 또한 펀드의 규모 면에서도 두 국가가 약
총 340억 달러 중 약 3/4인 245억 달러를 차지하고 있다.[2]

쿠웨이트는 위탁자산 규모 34억 달러(약10%), 펀드 수 76개(약15%)
로 사우디아라비아와 말레이시아에 이어 3위를 차지하고 있다.

국가별 이슬람 투자펀드 현황(2008년 4월 말 현재)				
국가명	펀드수	(%)	펀드 규모 (단위: 100 만 달러)	(%)
Saudi Arabia	133	(26.38)	20,360	(60.04)
Malaysia	126	(25.00)	4,141	(12.21)
Kuwait	76	(15.08)	3,437	(10.14)
UAE	39	(7.74)	2,002	(5.90)
Indonesia	25	(4.96)	253	(0.75)
Singapore	21	(4.17)	559	(1.65)
Bahrain	14	(2.78)	368	(1.09)
Pakistan	13	(2.58)	240	(0.71)
Others	57	(11.31)	2,547	(7.51)
Total	504	(100)	33,907	(100)

자료 : 유레카헤지

---

2   국가별로 볼 때 가장 많은 이슬람 투자펀드가 설정되어 있는 국가는 말레이시아이다. 말레이
    시아 증권위원회의 자료에 따르면 30개 기관, 170여 개의 이슬람펀드가 존재하고 있다. 구체
    적인 자료는 말레이시아증권위원회의 홈페이지(www.sc.com.my)에서 'List of Malaysian
    Shariah based Unit Trust Funds as at Q4 2008'로 검색 가능하다. 한편 유레카헤지의 펀드
    통계와 말레이시아 증권위원회의 통계 숫자가 다른 것은 유레카헤지의 자료는 말레이시아
    국내 펀드를 제외하기 때문인 것으로 추정된다.

종교펀드에 대해

종교펀드(faith-based funds)는 특정 종교의 교리와 신념에 우선적 가치를 두고 투자하는 펀드이다. 이슬람법에 따라 투자하는 이슬람 투자펀드 외에도 다양한 종교펀드가 있다. 가톨릭펀드로는 '아베 마리아 뮤추얼펀드'가 있으며 낙태·포르노·동성애·동거 등에 관계된 기업들을 투자 대상에서 제외한다. 개신교펀드로는 '티모시 플랜'이 있다. 이 펀드는 포르노·담배·도박·술 등에 관계된 기업들의 명단인 '수치의 전당(Hall of Shame)'을 작성해 놓은 것으로 유명하다. 코카콜라나 펩시콜라가 동성애자 직원을 지원한다는 이유로 이 전당에 오르기도 하였다.

남부침례교의 가이드스톤펀드, 장로교의 뉴커버넌트펀드도 종교펀드라 할 수 있다.

2

이슬람 인덱스펀드

인덱스펀드란 장기적 투자에서 주식투자가 시장평균수익률을 상회할 수 없다는 가정에서 임의로 자산운용에 편리한 지수를 개발하고 지수에 따른 종목별 비중에 따라 분산투자를 행함으로써 주식투자수익을 시장평균수익률에 접근시키려는 투자기법을 말한다.[3]

이슬람 인덱스펀드란 말 그대로 이슬람 주가지수에 따른 종목별 비중에 따라 분산투자를 행함으로써 주식투자수익률을 시장평균수익률에 접근시키려는 투자펀드이다.

샤리아에서는 도박이 금지되어 있어 주식 투자도 이에 해당하지 않는가라는 견해도 있으나 현실적으로 주식을 투자 대상으로 하는 이슬람금융에 의한 투자펀드가 다수 존재하고 있다. 앞서 살펴본 유

---

3   한국거래소 홈페이지(http://www.krx.co.kr/index.html)

레카헤지의 자료에서도 이슬람 투자펀드 504개 중 278개가 주식 관련 펀드이다. 이와 같은 이슬람 주식펀드 중에서 최근 비이슬람권에서도 주목을 받고 있는 이슬람 인덱스펀드를 중심으로 살펴보기로 하자.

이슬람 주가지수란 무엇인가

이슬람 주가지수란 이자수수, 무기, 술, 담배, 도박, 포르노 등에 대한 투자를 금지한 샤리아의 가르침에 따라 투자할 수 있도록 고안된 주가지수이다. 은행, 주류회사, 담배회사 등을 제외한 기업들로 구성된다.

대부분의 이슬람 주가지수는 S&P, FTSE 등 일반 주가지수를 제공하는 기업들에 의해 제공되고 있다. 이슬람 주가지수라 해도 일정한 기준으로 종목을 선정하고 각 종목의 움직임을 지수화하는 작업은 일반 주가지수 산정과 동일하다. 다만, 이슬람 주가지수 산정에 있어서는 각 개별종목의 샤리아 적격성이 샤리아 학자들에 의해 심사되어야 한다.

샤리아 학자로 구성된 샤리아위원회는 각 종목의 사업이나 거래 상황 등에 대해 샤리아 관점에서 심사를 행한다. 단, 최종적으로 적격인지 아닌지에 대해서는 일정한 여지가 있다. 예를 들어 종합상사가 맥주 1박스를 수입하고 있다면 샤리아 부적격이 되는가? 또는 편의점에서 돼지고기가 들어 간 카레라이스를 판매하고 있다면 샤리아 부적격인가?

일반적으로는 5% 룰이라는 기준이 있어 수익의 5% 이내라면 샤리아에 부적격한 사업을 영위하고 있어도 샤리아 적격 종목이 된다. 2000년 미국의 마이크로소프트 주식이 일부 이슬람 주가지수에서 샤리아 부적격이 된 적이 있다. 이것은 동사의 수익 중 9%가 이자 수입으로 샤리아 적격으로 판단되는 일반적인 기준인 5%를 초과하였기 때문이다.

이슬람 주가지수 산정시 샤리아 적격성 심사는 어떻게 하는가?

이슬람 주가지수 산정시 샤리아 적격성의 심사는 샤리아 학자 또는 샤리아 학자로 구성된 샤리아위원회에 의해 이루어진다. 유수 주가지수 제공 기업의 사례를 보면 샤리아 적격성의 인정 형태는 기업 내 샤리아위원회를 활용하는 경우와 외부 위탁하는 형태가 있다.

다우존스, MSCI 바라(MSCI Barra)는 자사 내에 샤리아위원회를 두고 있다. 한편 S&P는 쿠웨이트의 레이팅스 인텔리전스 파트너스(Ratings Intelligence Partners) 사에 위탁하고 있고, FTSE는 야사르(Yasaar) 사에 위탁하고 있다. 주가지수 산정시 샤리아 적격성 심사는 샤리아위원회에 따라 다르나 일반적으로 1차 업종 기준 심사(Business Activity), 2차 재무 기준 심사(Financial Ratio)로 진행된다.[4]

① 업종 기준: 아래 사업을 영위하는 기업은 제외
· 전통적인 금융업: 비이슬람금융업

---

4   샤리아 적격 심사 기준은 샤리아 심사기관에 따라 차이가 있다. 이 책 133~138페이지의 이슬람 인덱스펀드의 심사 기준 참조.

· 엔터테인먼트 사업: 도박, 음악, 영화, 호텔 등

· 담배 및 주류

· 무기

· 돼지고기 관련 사업

② 재무 기준: 아래 조건을 충족하는 기업

· 채무: 총 자산의 1/3 미만

· 현금 및 이자소득 자산: 총 자산의 1/3 미만

· 외상 매출채권 및 현금: 총 자산의 1/3 미만

· 이자 및 비적합(non compliant activity) 소득: 총수입의 5% 이하

이슬람 주가지수 현황

1) FTSE

FTSE는 Financial Times Stock Exchange의 약어이다. 이 주가지수는 FTSE 그룹이 관리하는데, FTSE 그룹은 파이낸셜 타임스 및 런던증권거래소가 합작 투자한 기업으로서 현재는 독립 기업이다.

대표적인 주가지수는 FTSE 100 지수(FTSE 100 Index)로 런던증권거래소에 상장되어 있는 주식 중, 시가총액 순서대로 100개 기업의 주가를 지수화한 종합 주가지수이다. 영국 주식시장의 대표 지수이다.

관련 주가지수로는 FTSE 250 인덱스, FTSE 350 인덱스, FTSE 스몰캡 인덱스, FTSE 플레즐링(FTSE Fledgling)이 있다. FTSE 올-쉐어 인덱스는 FTSE 100, FTSE 250, FTSE 스몰캡을 모두 합친 것이다.

FTSE 그룹이 제공하는 이슬람 주가지수는 FTSE 버사 말레이시

아 EMAS 샤리아 인덱스(FTSE Bursa Malaysia EMAS Shariah Index), FTSE 싱가폴증권거래소 샤리아 인덱스 시리즈(FTSE SGX Shariah Index Series), FTSE 샤리아 재팬 100(FTSE Shariah Japan 100) 등이 있다.

아래 도표는 말레이시아의 이슬람 주가지수인 FTSE 버사 말레이시아 EMAS 샤리아 인덱스의 개요이다.

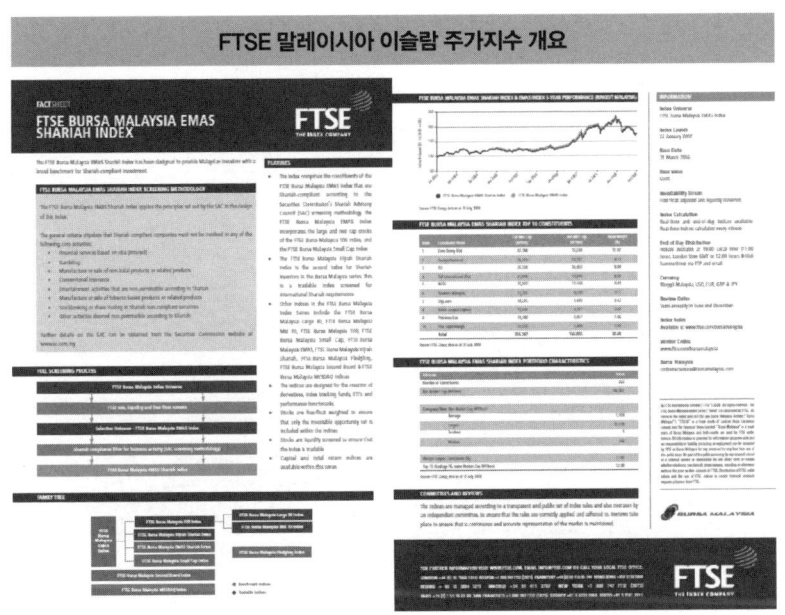

자료: www.ftse.com

2) S&P

S&P 주가지수는 맥그로-힐 계열사인 스탠더드 앤 푸어스가 제공하는 주가지수이다. 대표적인 지수인 S&P 500은 500개 대형기업의 주식을 포함한 지수이다. 500개의 기업 중 대부분이 미국 기업이다. S&P 500은 지수 자체를 일컬을 뿐 아니라 지수에 포함된 해당

500개 기업 자체를 지칭하기도 한다.

S&P 500 지수는 더 넓은 폭의 주식시장 지수인 S&P 1500과 S&P 글로벌 1200의 한 부분이다.

S&P는 2006년부터 이슬람 주가지수인 S&P 샤리아 인덱스(S&P Shariah Indices)를 출시하고 있는데, S&P 500 샤리아, S&P 유럽 350 샤리아, S&P 재팬 500 샤리아, S&P GCC 샤리아 인덱스(S&P GCC Shariah Indices), S&P 팬 아시아 샤리아 인덱스, S&P 중국증권거래소 샤리아 인덱스(S&P CNX Shariah Indices) 등이다.

아래 도표는 S&P가 출시하고 있는 이슬람 주가지수인 S&P 샤리아 인덱스 시리즈의 개요를 보여주고 있다.

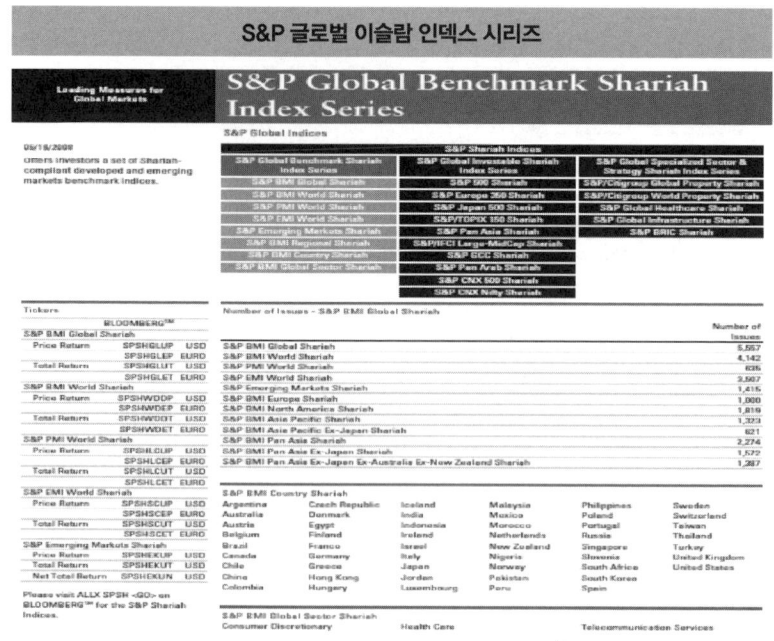

자료 : www.standardandpoors.com

3) 다우존스 이슬람 주가지수

다우존스 산업평균지수(Dow Jones Industrial Average)는 월스트리트 저널 편집자이자 다우존스앤컴퍼니(Dow Jones & Company)의 공동창립자 찰스 다우(Charles Dow)가 창안한 주가지수로서 DJIA, Dow 30, 혹은 비공식적으로 다우지수 등으로도 불린다.

오늘날 다우지수는 미국의 증권거래소에 상장된 30개의 우량기업 주식 종목들로 구성된다. 주식분할이나 다른 조정의 효과를 상쇄시키기 위하여 다우지수는 주가의 산술평균이 아닌 비율평균(scaled average) 방식을 따른다.

산술평균에서는 주가의 총합을 회사의 개수로 나누지만 다우지수는 주가의 총합을 제수(divisor)로 나누어 구한다. 다우존스가 제공

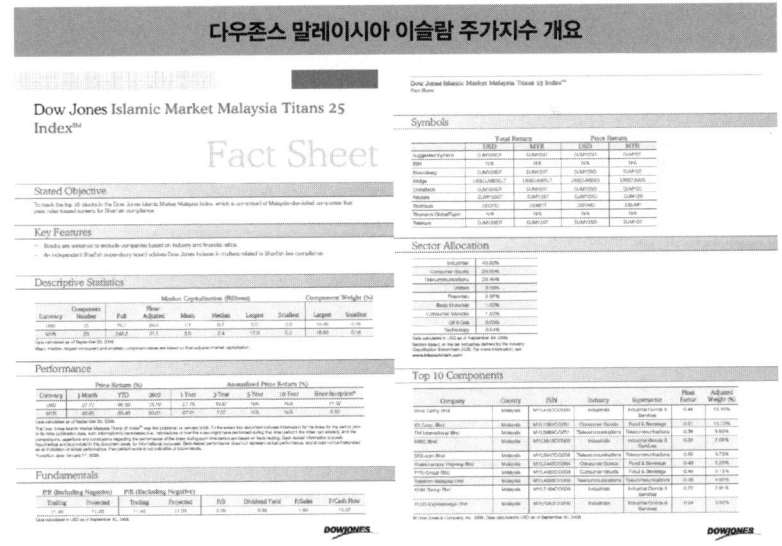

다우존스 말레이시아 이슬람 주가지수 개요

자료: www.djislamicmarkets.com

하는 이슬람 주가지수는 다우존스 이슬람시장 인덱스(Dow Jones Islamic Market Indexes), 다우존스 JS 파키스탄 이슬람 인덱스(Dow Jones JS Pakistan Islamic Index) 등이다.

위 도표는 다우존스 사가 제공하고 있는 말레이시아 이슬람 주가지수 개요를 나타내고 있다.

4) 그 밖의 이슬람 주가지수

① MSCI 글로벌 이슬람 인덱스(MSCI Global Islamic Indices), MSCI GCC 국가 이슬람 인덱스(MSCI GCC Countries Islamic Indices): MSCI 바라 사가 제공하는 이슬람 주가지수이다. MSCI 글로벌 이슬람 주가지수는 2007년 1월 말 기준으로 53개국, 1128개 상장 주식을 대상으로 하고 있다. MSCI GCC이슬람 주가지수는 GCC 6개국, 53개 주식을 대상으로 하고 있다.

② 알마다 샤리아 인덱스(Al Madar Shariah Index): 쿠웨이트의 알마다 파이낸스 앤드 인베스트먼트 사가 제공하는 이슬람 주가지수이다.

③ DMI 150 인덱스: 1998년 다르 알 말 이슬라미 투자신탁(Dar Al Maal Islami Trust)의 그룹사인 스위스의 파이잘 파이낸스(Faisal Finance) 사가 개발한 글로벌 주식 대상 이슬람 주가지수이다.

④ 러셀 자드와 샤리아 인덱스(The Russell-Jadwa Shariah Index): 미국의 러셀 인베스트먼트와 사우디 아라비아의 자드와 인베스트먼트가 개발한 이슬람 주가지수이다. 지역과 나라, 시가총액과 산업별 등 10개 지수로 나뉘어져 있다. 60개국에서 거래되는 2700개

주식을 대상으로 만들어졌다. 이 주식들은 러셀 글로벌 인덱스에 편입된 1만 개 주식 중에서 선정되었다.

⑤ 자카르타 증권거래소 이슬람 인덱스(Jakarta Stock Exchange Islamic Index): 2003년 3월 인도네시아 증권거래소가 개발한 이슬람 주가지수이다. 2008년 6월 현재 30개 상장 주식을 포함하고 있다.

주목할 만한 이슬람 인덱스펀드

1) 홍콩의 이슬람 인덱스펀드

홍콩에서는 2007년 이후 이슬람금융이 본격적으로 도입되었다. 2007년 홍콩의 행정장관은 말레이시아, 싱가포르에 대항할 수 있는 이슬람 금융센터의 지향을 공식적으로 표명한 바 있다.[5]

이러한 가운데 2007년 11월에는 홍콩에서 최초로 이슬람 투자펀드의 판매가 인가되었다. 항셍은행 자회사인 투자회사가 설정한 펀드로 '항셍 이슬람 차이나 인덱스펀드'이다.

이 펀드는 홍콩 주식시장에서 거래되는 중국 본토, 홍콩의 기업의 주식을 대상으로 하였다. 이 펀드는 다우존스 이슬람시장 차이나/홍콩 타이탄지수(Dow Jones Islamic Market China/Hong Kong Titans Index)를 따라 운용되는데 이 지수는 다음과 같이 산정되었다.[6]

제1단계는 질적으로 이슬람법에 반한 종목이 제외되었다. 알코

---

5   홍콩의 이슬람 채권 발행의 조기 도입 검토(www.policyaddress.gov.hk)
6   항셍 이슬람 차이나 인덱스펀드 투자설명서(Hang Seng Islamic China Index Fund Prospectus).

올, 담배, 무기, 방위산업, 일반 금융서비스, 돼지고기 관련 제품, 엔터테인먼트 기업을 제외하였다.

"Hang Seng Islamic Investment Series"

April 2009

HANG SENG ISLAMIC CHINA INDEX FUND

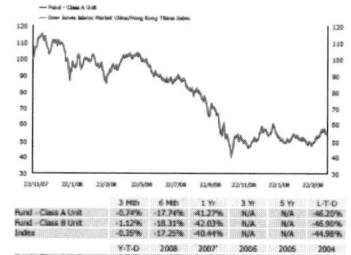

INVESTMENT OBJECTIVE

The investment objective of the Fund is to match as closely as practicable the performance of the Dow Jones Islamic Market China/ Hong Kong Titans Index through investing primarily in the constituent stocks of the Index. All investments of the Fund will meet Islamic Investment (or "Shariah") Principles as interpreted and laid down by the Shariah Compliance Adviser.

FUND INFORMATION

Fund Manager	Hang Seng Investment Management Limited	
Trustee	HSBC Institutional Trust Services (Asia) Limited	
Unit Class	Class A Unit	Class B Unit
Fund Code	U44056 / U44059(HKP)	U44057
Start Date	22/11/2007	22/11/2007
Unit Price	US$5.38	US$6.31
Past 52 weeks Hi/Lo	US$10.29/	US$10.27/
Unit price	US$3.92	US$3.87
Subscription Fee	Up to 3%	Nil
Switching Fee	1%	Nil
Management Fee	Up to 1% p.a.	Up to 1% p.a.
Administration Fee	Nil	Up to 1% p.a.
Incentive Fee	Nil	
Fund Size	US$5.79 million	
Base Currency	USD	
Dealing Date	Every Business Day	
Volatility	N/A	

PERFORMANCE IN US DOLLAR

	3 Mth	6 Mth	1 Yr	3 Yr	5 Yr	L-T-D
Fund - Class A Unit	-0.74%	-17.74%	-41.27%	N/A	N/A	-46.20%
Fund - Class B Unit	-1.12%	-18.31%	-42.03%	N/A	N/A	-45.96%
Index	-0.35%	-17.25%	-40.44%	N/A	N/A	-44.98%

	Y-T-D	2008	2007	2006	2005	2004
Fund - Class A Unit	-0.74%	-51.35%	11.60%	N/A	N/A	N/A
Fund - Class B Unit	-1.12%	-51.80%	11.40%	N/A	N/A	N/A
Index	-0.35%	-50.70%	12.00%	N/A	N/A	N/A

ASSET ALLOCATION

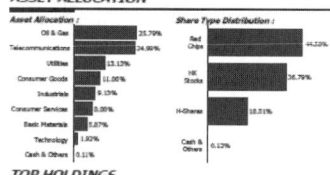

Asset Allocation :

Oil & Gas	25.79%
Telecommunications	24.90%
Utilities	13.13%
Consumer Goods	11.06%
Industrials	9.15%
Consumer Services	8.06%
Basic Materials	5.87%
Technology	1.92%
Cash & Others	0.11%

Share Type Distribution :

Red Chips	44.53%
HB Stocks	36.79%
H-Shares	18.51%
Cash & Others	6.12%

TOP HOLDINGS

China Mobile	14.24%
PetroChina	13.34%
CNOOC	11.79%
China Unicom	10.75%
Hong Kong Electric	6.13%
HK & China Gas	4.77%
Esprit	4.37%
Li & Fung	4.13%
Swire Pacific A	3.06%
Hengan International Group	2.86%

MANAGER'S REPORT

- On the closure of National People's Congress in March, no surprise was brought by the new policy announced. Premier Wen's positive comments that Beijing would introduce more supportive policies if the economy turns weaker has added steam to the market. The only new thing of the conference was to shift focus from infrastructure to social infrastructure and economic restructuring. Apart from previous rural consumption stimulus plan and tax cut for purchasing auto which proved to be effective, the next step will be on low-income individuals and households, boosting consumption is considered to be supportive catalyst for the economy.
- Bank saw slight rebound towards the end of the month. ICBC announced solid results and Goldman Sachs announced that it will delay by one year the sale of 80% of its ICBC holdings which will be unlocked on April 28.
- Commodities and precious metals stocks surged on concerns that inflation will be re-ignited by the US Fed's surprise plan to buy government bonds and mortgage-backed securities to cut borrowing costs and revive the economy.
- China's February export figure was worse-than-expected, down 25.7% year-on-year, while the market expected a decline of only 1%. In January, export fell 17.5%. February import was down 24.1%, close to market consensus of 22.5%. The monthly trade surplus shrank to $4.84 billion, the smallest since February 2006. Industrial production growth for January and February slowed down to 3.8% year-on-year from 5.7% in December. This marked the lowest reading since the data started in 1994. Retail sales for January and February were up 15.2% year-on-year, lower-than-expected, and decelerated from 19.0% in December. Meanwhile, M2 maintained a relatively fast growth, with the February figure grew 20.5% year-on-year, slightly above market estimates.

자료: www.hangseng.com

제2단계는 양적으로 이슬람법에 반하는 종목을 제외하였다.

① 총부채/주가시가총액(12개월 평균)이 1/3 이상

② 외상매출금/주식시가총액(12개월 평균)이 1/3 이상

③ 현금+이자 수취 /주식시가총액(12개월 평균)이 1/3 이상

2) 일본 주식 대상 이슬람 인덱스펀드

2007년 S&P와 동경증권거래소는 일본 주식을 대상으로 한 이슬람 주가지수를 공동개발했다. 2000년 S&P와 동경증권거개소가 공동 개발한 S&P/TOPIX 150에 채택된 150개의 종목을 S&P의 샤리아 자문회사인 쿠웨이트의 레이팅스 인텔리전스 파트너스의 샤리아위원회가 검정하여 종목을 선정한 것이다. S&P/TOPIX 150 주가지수는 일본의 주요 업종으로부터 선정된 유동성이 큰 150개 종목으로 구성된 시가총액 가중 방식의 지수이다.

S&P/TOPIX 150 샤리아 주가지수는 S&P/TOPIX 150 종목에서 이슬람법의 적합성 관점에서 선정된 종목으로 구성된 시가총액 가중 방식 지수인 것이다. 이렇게 하여 작성된 S&P/TOPIX 150 샤리아 지수는 79개 종목으로 구성되었다.

대형 우량주 중심의 인덱스이며 식품업계에서는 야쿠르트, 아지노모토, 닛신식품이 선정되었다.[7]

한편 다이와 투자신탁(Daiwa Asset Management)은 2007년 7월 영국의 주가지수 제공 기업인 FTSE와 공동으로 FTSE 샤리아 재팬 인덱스 100을 출시하였다. 그 후 2008년 5월 26일 샤리아 적격 ETF인 DAIWA FTSE 샤리아 재팬 100 인덱스를 싱가포르 증권거래소에

---

7   동경증권거래소 홈페이지(www.tse.orjp/market/topix/index.html)

상장하였다. 싱가포르증권거래소 최초의 샤리아 적격 ETF로 다이와 투자신탁 본사의 조언을 얻어 동사의 싱가포르 현지법인이 운용한다.

이 펀드는 FTSE가 제공하는 FTSE 샤리아 재팬 100 인덱스를 따라 운용된다. 이 지수는 샤리아 컨설팅회사인 야사르의 이슬람 법학자들이 FTSE 재팬 인덱스 종목 중 다음과 같은 절차를 거쳐 샤리아에 적합한 종목을 선정하여 만들었다.[8]

1차적으로 사업 내용을 심사하여 다음에 해당하는 기업을 배제하였다.

① 전통금융기관(비이슬람은행, 파이낸스회사, 보험회사 등)

② 주류회사

③ 돼지고기 관련 제품 생산회사

④ 엔터테인먼트 회사(카지노, 영화, 음악, 포르노, 호텔 등)

⑤ 담배

⑥ 무기

2차적으로 재무적인 내용을 심사하였다.

① 부채/자산 비율이 33%를 초과하는 기업 배제

② 현금 및 이자/자산 비율이 33% 이내이어야 할 것

③ 외상매출금 및 현금/자산 비율이 50% 이내일 것

---

8   Daiwa FTSE Shariah Japan 100 Prospectus, 2008. 5. 9, pp 67~69.

④ 이자 제외 비적격 수익이 5% 이내일 것

⑤ 이자 수익이 5% 이내일 것

자료: www.daiwa-am.com.sg

3) 타이의 이슬람 인덱스펀드

타이증권거래소(Stock Exchange of Thailand)는 FTSE와 공동으로 이슬람 투자자의 타이 내 투자를 촉진하기 위한 전략의 일환으로 2009년 5월 말 이슬람 주가지수인 FTSE SET 샤리아 인덱스를 출시하였다. 동 지수에는 석유, 화학, 통신, 전기를 중심으로 55개 타이 기업이 편입되어 있으며, 편입회사의 시가총액은 약 8204억 바트 규모이다.

타이증권거래소는 두바이와 아부다비에서 투자설명회를 실시하는 등 중동의 오일머니 유치 전략을 강화시키고 있다.

이와 같은 타이 이슬람 주가지수의 출시에 따라 이슬람 투자회사들을 중심으로 이 이슬람 주가지수를 벤치마크하는 ETF의 출시가 예정되어 있는 것으로 알려지고 있다.

우리나라의 거래소도 S&P와 공동으로 이슬람 주가지수를 개발하고 있다고 한다. 이러한 이슬람 주가지수의 개발은 우리나라 주식시장을 주목하고 있는 이슬람 투자자에게 투자 기회를 제공할 수 있을 것이다.

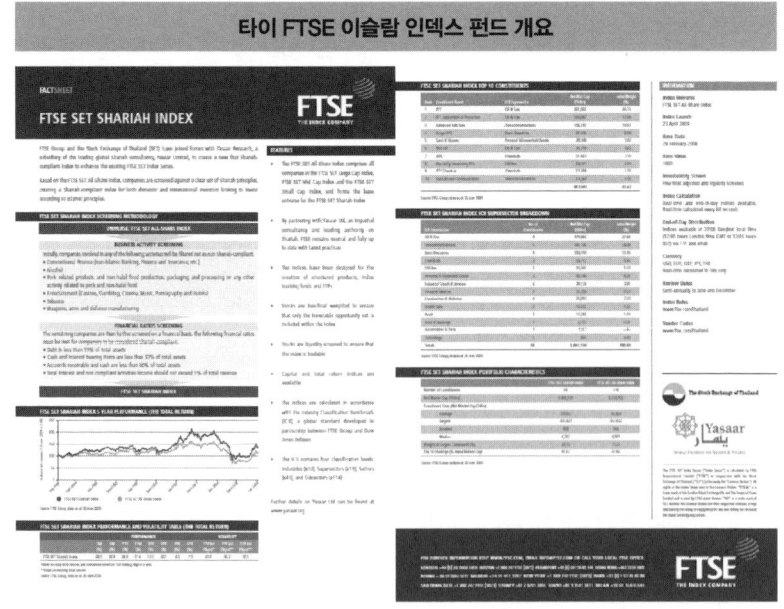

타이 FTSE 이슬람 인덱스 펀드 개요

자료: www.set.or.th

3
이슬람 부동산펀드

이슬람 부동산펀드는 샤리아 적격의 부동산에 투자하는 펀드이다. 이슬람 금융 방식에 따른 투자 중 일본, 싱가포르 등 아시아 지역에서 주목받고 있는 것은 이러한 이슬람 부동산펀드이다.

부동산펀드는 부동산에 투자하는 펀드로 임대형과 대출형으로 구분할 수 있다. 임대형은 투자자들의 자금을 모아 업무용 또는 상업용 부동산 등을 매입하여 임대한다. 임대소득과 향후 자산가치 증가에 따른 자본소득까지 기대할 수 있는 것을 운용 목적으로 하는 부동산펀드를 의미한다. 대출형은 부동산 개발을 하는 시행사에 주로 자금을 대여하거나 부동산 개발과 관련된 법인에 대한 대출에 투자함으로써 주로 이자 수취를 목적으로 만들어진 펀드이다.[9]

---

9 김은주 외, 〈부동산펀드의 성과와 규모에 관한 연구〉, 국토연구 제62권, 2009.9. : pp181~197

이슬람 부동산펀드가 전통금융 방식의 부동산펀드와 다른 점은 펀드의 구조와 투자 대상 물건의 용도가 샤리아 적격이어야 한다는 점이다. 이에 따라 이슬람 부동산펀드의 경우 대상 부동산에 대해 샤리아 적격의 판정을 받아야 한다.

일반적으로 개인 거주용의 부동산의 경우에는 문제가 없으나 상업용 부동산의 경우에는 전통은행, 영화관, 악기점, 호텔, 귀금속점 등은 샤리아 부적격으로 판단된다.

주요 이슬람 부동산펀드

운용회사	펀드명	국가	규모 (백만 달러)	투자 대상	투자자문	참고
Guidance Financial Group	Guidance Fixed Income Fund	USA	200	주거용	Freddie Mac	샤리아 적격 증권 투자
Shamil Bank	China Realty fund	China	150	상업용	CITICIAM	폐쇄형
Kuwait Finance House	Baitak Asia Real Estate Fund	South Asia	600	상업용 주거용	Pacific Star Group	
Dubai Islamic Bank, Cheung Kong Group	AI Islamic Far Eastern Real Estate Fund	Far East	450	상업용 주거용	ARA Asset Management	홍콩, 중국, 한국, 말레이시아 등 투자
Kuwait Finance House	Islamic European Real Estate Fund	Europe	486	상업용 주거용	Equity Estates B.V.	프랑스, 독일, 베네룩스

자료: Dr. Saiful Azhar Rosly, 〈Islamic Reits〉, INCEIF

말레이시아의 이슬람리츠

1) 말레이시아의 이슬람리츠

말레이시아는 지속적으로 이슬람 자본시장을 구축하기 위해 노력해 왔다. 증권위원회(Securities Commission of Malaysia)가 2001년에 착수한 '자본시장 마스터 플랜(Capital Market Master Plan)'이 대표적이라 할 수 있다. 이 계획에서는 말레이시아 내에서의 이슬람 자본시장 확장을 위하여 이슬람리츠(I-REITS) 개발 방안 등을 담고 있다.

증권위원회 규정에 의해 리츠는 최소한 50% 이상의 자산을 부동산에 투자하여야 한다. 이러한 리츠는 투자 대상 및 방법에 따라 크게 세 가지 종류로 구분된다.

첫째, 주식형 리츠(Equity REIT)는 수입창출형의 부동산을 대상으로 운용한다. 부동산 자산을 개발시킨 후 되팔기보다는 보유하면서 임대 등의 방식으로 운영할 목적으로 매입하는 것이 특징이다. .

둘째, 대출형 리츠(Mortgage REIT)는 주로 장기 대출로 운용하지만 단기형 건설 자금대출로도 운용한다. 이 리츠는 부동산의 소유자, 운용자, 개발자에게 유이자 융자를 제공한다. 이 때문에 대출형 리츠(Mortgage REIT)는 다른 리츠상품보다 시장금리 변동 위험에 더 많이 노출되어 있다.

셋째, 혼합형 리츠(Hybrid REIT)는 주식형 리츠와 대출형 리츠를 혼합한 것으로 부동산 자산을 소유, 운용하는 동시에 소유자, 운용자, 개발자에게 유이자 융자를 제공한다.

이 세 가지 중에서 주식형 리츠(Equity REIT)가 가장 일반적으로 증권시장에서 거래되는 상품이며 샤리아(Shariah) 적격이 되는 형식을 가지고 있다고 할 수 있다.

샤리아위원회는 이슬람리츠가 샤리아에 적합한지의 여부를 감시하고 있다. 구체적으로 샤리아 적격 여부를 결정하는 데 참고해야 할 사항은 다음과 같다.[10]

① 이자(Riba)가 포함된 임대차 존재 여부
② 도박시설 등 하랄(Halal)[11]에 적합하지 않은 상품인지 여부
③ 전통보험 등 기타 샤리아에 맞지 않는 행위 존재 여부
④ 샤리아에 적합하고 적합하지 않은 행위를 동시에 하고 있는 임차인에 대한 임대차 행위. 20% 이상의 수익이 샤리아를 위반하는 행위에서 나오면 안 된다.
⑤ 샤리아에 적합하지 아니한 행위의 비율 계산 (공간 사용비율, 서비스 시간 등으로 계산 가능. 예를 들어 10,000 제곱피트의 슈퍼마켓에서 알코올 상품 진열이 차지하는 공간이 1000제곱피트일 경우, 10%의 렌트는 샤리아에 위반하는 행위에서 온다고 판단함. 이는 ④의 20%보다 적으므로 리츠의 렌트 수익은 샤리아에 적합하다고 볼 수 있음)

---

10 Dr. Nik Norzrul Thani, Mohamed Ridza Mohamed Abdulla, Megat Hizaini Hassan, 〈Law and Practice of Islamic Banking and Finance〉.
11 하랄(Halal)이란 아라비아어로 '합법적인 또는 승인된' 이란 뜻으로 이슬람법에 따라 사용이 허가된 물건, 행동의 의미로 쓰임. 일반적으로 이슬람법에 따라 허용되는 음식의 의미로 통용된다.

⑥ 부동산의 취득. 만약 20% 미만의 율법 위반 행위 수준을 지키고 있더라고 모든 임차인들이 율법 위반 행위를 하고 있을 경우 본 부동산의 취득이 허락되지 않는다.

⑦ 새로운 임차인과 계약할 때 20% 기준은 정확히 지켜질 필요가 없다. 이는 신종 계약일 경우, 정확한 렌트 수익을 알 수 없으므로 퍼센티지 계산 또한 정확히 이루어질 수 없기 때문이다. 하지만 새로운 임차인이 명백하게 율법 위반 행위를 할 경우(예. 유명한 도박업자)에는 계약이 허락되지 않는다.

⑧ 이슬람리츠에 사용되는 투자 그리고 자금조달 또한 샤리아를 준수해야 한다.

⑨ 부동산에 대한 보험은 타카풀이어야 한다(다만 타카풀 보험 방식이 불가능할 경우에는 보통 보험으로 대체 가능).

2) 알 아카르 KPJ 리츠

알 아카르 KPJ 리츠(Al-'Aqar KPJ REIT)는 세계 최초의 이슬람리츠로 2006년 6월 말레이시아에 설립되어 말레이시아 증권거래소에 상장되었다. KPJ 그룹이 보유하고 있던 6개의 병원 빌딩에 투자하였다. 취득 당시 자산 가치는 4억 8000만 링기트였다. 병원에 특화하여 투자한 리츠로 우리나라의 제주도에도 투자를 검토하고 있는 것으로 알려져 있다.

3) 알 하다라 부스티드 리츠

알 하다라 부스티드 리츠(Al-Hadharah Bousted REIT)는 2007년 1월

자료; www.alaqarkpjreit.com.my

설립되어 말레이시아 증권거래소에 두 번째로 상장된 이슬람리츠이다. 이자라 계약에 기초하여 조성된 펀드로 팜오일 농장을 투자 대상으로 하고 있다. 말레이시아 최대의 리츠로 2008년 말 투자자산은 약 5억 5000만 링기트이다.

알 하다라 부스티드 리츠는 2007년 말의 수익은 5200만 링기트였는데 2008년 말의 수익은 6400만 링기트로 23% 더 높은 수익률을 기록했다. 말레이시아 《온라인스타(Malaysia Online Star)》의 자료에 따르면 알 하다라 부스티드 리츠의 2009년 1월 19일 현재 순자산 가치 대비 할인률(Dicount to NAV)은 5.7%이다.

이와 같은 이자라 계약에 근거한 리츠는 우리나라의 대형 개발 프로젝트에도 적용될 수 있을 것이다.

이슬람리츠 가이드 라인

|

말레이시아는 이슬람금융의 발전을 위해 중앙은행(BNM)과 증권위원회(SC)가 이슬람금융 관련 규정 및 방침을 제정하고 있다. 말레이시아 증권위원회는 이슬람리츠 설립에 대해서도 방침을 제정하였다. 향후 우리나라의 개발 프로젝트 또는 우리나라 기업이 관련되는 이슬람권 프로젝트에 이슬람리츠 방식이 활용될 가능성이 매우 크다고 본다. 이에 말레이시아 증권위원회가 발표한 이슬람리츠 설립 관련 자료를 원문 그대로 수록하여 이슬람리츠를 준비하는 데 참고 자료를 제공하고자 한다.

※ Guidelines for Islamic Real Estate Investment Trusts

1. Rental of Real Estate by Islamic Reit for Business Purposes1

1.1 Acquiring real estate with existing tenant(s)

(a) Syariah—compliant assessments must be carried out by the appointed Syariah committee/Syariah adviser to assess any property to be acquired by an Islamic REIT. In general, an Islamic REIT is a collective investment scheme in real estate, in which the tenant(s) operates permissible activities according to the Syariah. However, in the event that the tenant(s) is found to operate non—permissible activities, the fund manager for the Islamic REIT must perform additional compliance assessments;

(b) The fund manager must obtain the rental from each non—permissible activity operating at the property to be acquired. Rental from each non—

permissible activity must be added to obtain the total rental from non-permissible activities. The list of non-permissible activities, as decided by the Syariah Advisory Council (SAC) of the Securities Commission, is attached in the Appendix;

(c) Subsequently, the total rental from non-permissible activities will be compared to the total turnover of the Islamic REIT (latest financial year) to obtain the percentage of rental from non-permissible activities. The percentage amount will be referred to the 20% benchmark as determined by the SAC for the criteria on rental from non-permissible activities;

(d) In the event that the percentage exceeds the benchmark, the Syariah committee/Syariah adviser shall advise the Islamic REIT fund manager not to invest in the said real estate; and

(e) However, an Islamic REIT is not permitted to own real estate, for example, a building, in which all the tenants operate non-permissible activities, even if the percentage of rental from that building to the total turnover of the Islamic REIT is still below the benchmark (20%). This is to protect the image of the Islamic REIT.

1.2 Renting out real estate to a new tenant(s)

The Syariah committee/Syariah adviser must advise the Islamic REIT fund manager not to accept a new tenant(s) whose activities are fully non-permissible.

1.3 Method for calculating the portion of rental of non-permissible activities from the total rental paid by a tenant(s) operating mixed activities (non-permissible and permissible activities)

(a) Calculation of the rental of non-permissible activities from a tenant(s) operating mixed activities can be based on the ratio of area occupied for non-permissible activities to the total area occupied. The percentage will be used as the basis for determining the ratio of rental of non-permissible activities to total rental paid by the tenant(s); and

(b) For activities that do not involve the usage of space, such as service-based activities, the calculation method will be based on the ijtihad2 of the Syariah committee/Syariah adviser of the Islamic REIT.

2. Investment, Deposit and Financing for Islamic REIT

2.1 An Islamic REIT must ensure that all forms of investment, deposit and financing instruments comply with the Syariah principles.

3. Insurance

3.1 An Islamic REIT must use the Takaful schemes to insure its real estate. If the Takaful schemes are unable to provide the insurance coverage, then the Islamic REIT is permitted to use the conventional insurance schemes.

4. Forward sales or purchases of Currency for risk management

4.1 An Islamic REIT is permitted to participate in forward sales or purchases of currency, and is encouraged to deal with Islamic financial institutions. If the Islamic REIT deals with Islamic financial institutions, then it will be bound by the concept of wa'd3 (only one party is obligated to fulfil his promise/responsibility). The party that is bound is the party that initiates the promise. However if the Islamic REIT deals with conventional financial institutions, it is permitted to participate in the conventional forward sales or purchases of currency.

싱가포르의 이슬람 부동산펀드

말레이시아에서 이슬람리츠가 출현되는 것과 달리 싱가포르에서는 다양한 이슬람 부동산펀드가 등장하고 있다.

싱가포르의 이슬람 부동산펀드에는 중동의 이슬람 금융기관들이 사업자로 참여하는 사례가 많다. 가장 대표적인 것은 2005년 9월 싱가포르의 부동산회사인 캐피타랜드(CapitaLand)에 의한 'ARC-CapitaLand Residence Japan' 펀드이다. 이 펀드는 중동의 연금, 은행 등으로부터 투자펀드를 조성하여 일본 각지의 임대주택용 부동산에 투자하는 펀드이다.

오스트레일리아의 이슬람 부동산펀드

2009년 5월 오스트레일리아의 LM 인베스트먼트 사는 오스트레일리아의 부동산을 대상으로 하는 이슬람 부동산펀드를 출시하였

다. 이 펀드의 샤리아위원회에는 아마니의 무함마드 다우드 바카
(Muhammad Doud Bakar) 박사 등이 참여하고 있다. 비이슬람권 국가
자산을 대상으로 설정된 이슬람 부동산펀드라는 점에서 그 의의가
크다고 본다. 기타 상세한 자료는 동사의 홈페이지(www.lmaustralia.
com)를 통해 파악할 수 있다.

AFB의 이슬람 부동산펀드

아래 도표에서 보이는 AFB 이슬람 부동산펀드는 2009년 조성된
펀드로 말레이시아 소재 이슬람 전업은행인 AFB(Asian Finance Bank)
가 펀드 모집 및 샤리아 적격성을 심사하였다. 투자 대상은 미국 서

AFB의 이슬람 부동산펀드

Proposed Fund Basic Terms

ASIAN FINANCE BANK
بنك التمويل الآسيوي

Item	Description
Fund	Shariah compliant, close-ended fund constituted via mutual investment scheme in the form of incorporated entity.
Domicile	British Virgin Islands.
Purpose	i) To invest in Shariah-compliant, under-valued property in the US.
	ii) To attain above average investment returns for the Fund through acquiring property below market value with specific exit strategy.
Base Currency	US Dollar.
Tenure	3 years. If a property is sold within 3 years, the Fund Manager may re-invest the proceeds, if it is in the best interest of the Fund.
Distribution	The Fund will use best efforts to pay an 8% dividend in the first year; 10% dividend in the second year; 12% dividend in the third year. 90% of all Fund income will be paid out to investors on an annual basis, regardless of dividend payment. As an individual property is sold, a distribution will be made on a pro-rata basis to each investor.
Sector	Office, Industrial and Multifamily.
Target Fund Size (equity)	USD $50 million – USD $70 million.
Focus Area	California and select western states.
Expected Return	20% - 25%.
Fund Leverage (debt)	Average of 50%.
Target Investors	Global institutions and sophisticated individual investors.
Shariah Advisor	Asian Finance Bank.
Fund Promoter	Asian Finance Bank and Stella Capital.
Investment Manager	Stella Capital.
Placement Agent	Asian Finance Bank.
Board Composition	One independent board member and a representative from each Sponsor/Manager.

자료 : www.shariahfunds.com

부 지역의 상업용 및 복합 시설이다. 펀드 규모는 5000만 미달러로 펀드 운용은 스텔라 캐피털이 담당하고 있다.

이 펀드를 조성한 AFB는 말레이시아에 소재하고 있으나 카타르 이슬람은행이 최대 주주이다. 우리나라의 부동산을 대상으로 한 부동산펀드 조성을 위해 2009년 2월 이후 이 은행의 부동산 투자 담당자가 수차례 우리나라를 방문한 것으로 알려지고 있다.

4
이슬람 선박펀드

선박펀드란 선박투자회사법에 근거하여 다수의 투자자로부터 자금을 모집하여 선박을 취득하고 그 취득한 선박을 해운선사에 용선(임대)함으로써 얻게 되는 용선료(임대료) 수입을 투자자에게 수입의 분배 방식(채권이자 형식)으로 배당하는 펀드이다.

투자자는 선박투자회사에 투자하고, 선박투자회사는 이 투자자금을 해외 자회사에 대여함으로써 선박을 매입하게 된다. 그리고 매입한 선박을 선박운항사(예를 들면 현대상선, 대한해운 등)에게 빌려주고 선박투자회사로부터 투자금에 대한 원리금을 지급받게 된다.

2008년 6월 말레이시아의 이슬람 전업은행인 AFB(Asian Finance Bank)와 아마나 투자은행(Amanah Investment Bank)이 공동으로 이슬람 선박펀드인 사피나(Safeena)를 출시하였다. 펀드 규모는 3억 미달러로 2009년 12월 이스티스나 이자라 방식으로 화학물 운송선박에 투자한 바 있다.

한편 2009년 12월에는 네델란드 포티스(Fortis)은행과 카타르 투자회사 큐인베스트(QInvest)가 공동으로 출자하여 이슬람 선박금융 펀드를 설립한다고 발표한 바 있다. 양 기관이 각각 5000만 달러씩을 공동 출자하여 네덜란드 큐인베스트-포티스은행(QInvest-Fortis Bank Nederland)을 설립하기로 한 것이다. 이 펀드는 양사가 공동으로 관리할 예정이며 투자 대상을 다양화하여 안정적인 수익 창출과 함께 투자가들을 모집할 예정이다.

2009년 우리나라에서도 해운회사의 어려움을 해결하기 위해 선박펀드의 조성을 발표한 바 있다. 이와 같은 선박펀드를 이슬람 선박펀드로 조성한다면 이슬람 투자자들도 관심을 가질 것으로 보인다.

이슬람 선박펀드에 대한 이해를 돕기 위해 최초의 이슬람 선박펀드인 사피나의 개요를 정리해 보기로 한다.

사피나펀드 개요	
펀드명	Safeena Islamic Fund
규모	3억 달러(USD)
구조	- 30% 주식(Equity) - 70% 이슬람 대출(Islamic Financing) - 10년 만기 폐쇄형
투자 대상	원유, 가스 운반 탱크, 벌크선, 케미컬선
운용	AFB, ARIB(Amanah Raya Investment Bank Labuan)

자료 : Safeena Islamic Fund Prospectus, 2008.

5
이슬람 헤지펀드

헤지펀드는 다양한 금융 기법으로 리스크를 적극 회피하면서 높은 수익을 추구한다. 그러나 이슬람법은 투기적인 목적의 투자를 허용하지 않기 때문에 샤리아를 따르는 헤지펀드의 설립은 사실상 불가능한 것으로 받아들여졌다.

그런데 프랑스 소시에떼제네랄의 영국 자회사 피마트 사가 이슬람법에 거스르지 않고도 공매도의 효과를 낼 수 있는 시스템을 개발한 후, 이 같은 시스템을 기반으로 미국의 스타크 인베스트먼트가 스타크 알 누어 펀드(Stark Al Noor Fund)를, 영국의 노스 오브 사우스 캐피털이 알라에드 이머징 마켓 펀드(Al Raed Emerging Market Fund)를 출시하였다.

이에 앞서 이슬람 헤지펀드의 선구자인 미국의 샤리아 캐피털은 2005년 세계 최초의 샤리아 헤지펀드인 샤리아 롱/쇼트 마켓펀드

(Shariah Long/Short Master Fund)와 샤리아 마켓 뉴트럴 마스터펀드 (Shariah Market Neutral Master Fund)를 출시하였다.[12] 2008년에는 바클레이즈 캐피탈이 이슬람 헤지 펀드 출시를 위해 알 사피(Al Safi)를 설립하는 등 이슬람 헤지 펀드 산업에 대한 관심이 높아지고 있다.

12 Paul McNamara, 〈Shariah Compliant Hedge Funds〉, Islamic Business & Finance, Nov. 2005, pp 14~18.

6

이슬람 채권(수쿡)펀드

수쿡은 이슬람채권으로 번역되고 있는 금융 수단으로서 무다라바, 무라바하 등의 이슬람 금융 계약을 기초로 유통 가능한 채권의 형태로 발행되는 구조화 금융상품이다.

이슬람법이 이자 지급을 금지함에 따라 채권 형태를 갖지만 이자를 지급하기보다는 사업 수익을 통한 배당으로 투자자들이 이익을 거두게 된다.

채권 발행자가 부동산 등의 자산을 특수목적회사 등에 임대한 뒤 여기서 나오는 수익을 배당금 형식으로 지급한다. 수쿡을 매입한 투자자에게 정해진 이자를 주는 것이 아니라 사업에서 발생하는 수익을 배당금의 형태로 지급하는 것이다.

수쿡은 1990년 말레이시아의 쉘 사(Shell MDS)가 처음으로 거래

가능한 수쿡을 발행한 이후 급속히 증가하고 있다.[13] IFM(International Islamic Financial Market)의 자료에 따르면 수쿡의 발행 잔고는 2006년 254억 4300만 달러, 2007년 462억 6100만 달러로 증가하였다.[14]

아래 도표는 연도별 수쿡 발행 추이를 나타내고 있다.

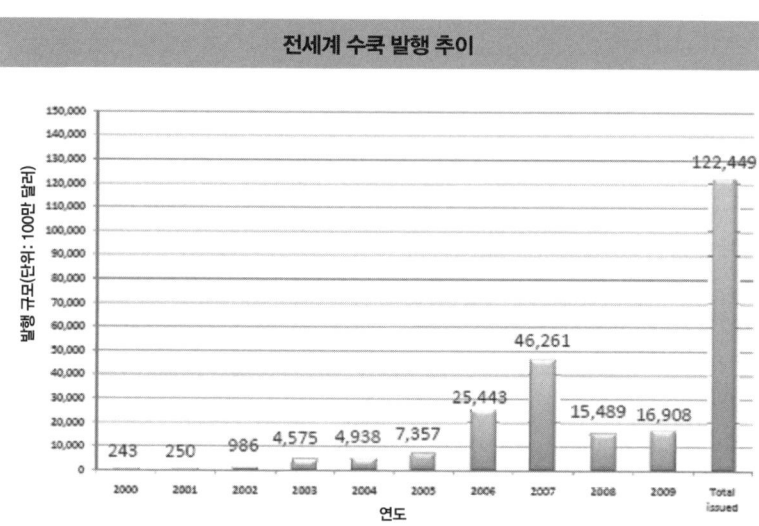

전세계 수쿡 발행 추이

자료: 〈IIFM Sukuk Analysis〉, IIFM, 2009. 8, pp1.

국가별로는 말레이시아와 UAE가 주도하고 있다. 2006년의 경우 말레이시아가 전체의 약 55.6%를 차지하고 있다.[15]

이것은 말레이시아 정부가 이슬람금융 허브를 목표로 제도적 기반을 정비하였기 때문인 것으로 보인다. 한편 전통금융 상품의 채권

---

13 Securities Commission of Malaysia(2007)

14 〈IIFM Sukuk Analysis〉, International Islamic Financial Market, 2009. 8

15 최두열 외, 〈이슬람 채권의 이해〉, 재무 관련 5개 학회 공동학술발표회, 2007. 5. 25~26, PP 7.

에 투자하는 채권펀드와 마찬가지로 이슬람채권(수쿡)에 투자하는
펀드들도 등장하고 있다. 주요한 수쿡펀드는 다음과 같다.

주요 수쿡펀드
① RHB Islamic Bond Fund
② Kuala Lumpur Islamic Bond Fund
③ Dahili Syariah Income Fund
④ USD700Mn Qatar Global Sukuk
⑤ USD600Mn Malaysia Global Sukuk
⑥ Amlak

주요국의 이슬람금융
발전 현황

ISLAMIC
FINANCE

이슬람금융을 받아들인 국가는 70개국 이상으로 알려져 있다. 그런데 같은 이슬람금융이라 해도 그 내용은 국가에 따라 다르다. 왜냐하면 각국에 따라 종파가 다르고, 금융시장의 발전 정도가 다르기 때문이다. 이 장에서는 이슬람금융을 받아들인 주요 국가들의 현황을 살펴보기로 하자.

1
이슬람 금융시장 구분

이슬람금융이라 해도 그 내용은 국가에 따라 차이가 있다. 우선 무슬림이 국민 대다수를 차지하는 이슬람국과 비이슬람국 사이에 차이가 있다. 그리고 같은 이슬람국이라 하더라도 종파, 금융시장의 발전 정도, 이슬람금융에 대한 각국의 입장에 따라 차이가 있다.

이러한 가운데 이슬람금융이 존재하는 주요한 국가들의 이슬람금융시장을 전통 금융시장의 발전 단계와 이슬람국 해당 여부에 따라 다음 페이지의 표와 같이 나누어볼 수 있다.

이슬람금융의 선진국은 말레이시아, 바레인, UAE라고 할 수 있다. 이 중 말레이시아는 전통은행의 이슬람 창구와 이슬람은행을 통해 이슬람금융을 전개하고 있다. 다른 나라에 앞서 1983년 이슬람은행법을 제정한 이후 전 세계 이슬람금융 분야의 선두주자로서 입지를 공고히 하고 있다.

이슬람 금융시장의 구분		
구분	금융시장이 비교적 발달	금융시장 발전 단계
이슬람국가	바레인, 말레이시아, UAE	사우디아라비아 등 GCC 제국, 북아프리카 제국, 파키스탄, 인도네시아, 브루나이
비이슬람 국가	영국, 싱가포르, 독일, 미국	중국, 인도, 타이, 필리핀

자료: 이슬람금융연구회(일본), 〈제1장 이슬람금융의 개요〉, 재단법인 국제금융정보센터, 2007. 3, pp9.

말레이시아의 경우 종교적인 면에서도 중동 각국에 비해 상대적으로 유연한 자세를 갖고 있다. 이에 따라 중동 각국에서 허용되지 않은 이슬람금융 형태가 말레이시아에서는 실제 통용되기도 한다. 물론 앞서 설명한 이슬람금융 국제기구들의 활동과 이슬람금융의 글로벌화와 함께 말레이시아를 비롯한 주요국의 이슬람금융은 표준화되어 가는 추세에 있다.

말레이시아의 이슬람금융 현황은 법률의 제정 육성 방안 등 향후 우리나라가 참고할 부분이 많을 것으로 보여 제6장에서 자세히 살펴보기로 하겠다. 여기서는 말레이시아를 제외한 주요 국가들의 이슬람금융 현황에 대해 살펴보기로 하자.

2
바레인

바레인은 중동 이슬람금융의 중심지로 이슬람 금융기관 회계 및 감사기구(AAOIFI)와 국제 이슬람 금융시장(IIFM)의 근거지이다.

이슬람 금융제도와 관련하여 바레인은 이슬람은행 제도와 전통은행 제도의 이중 제도를 채택하고 있다. 바레인에서 인정된 이슬람은행의 형태는 이슬람 상업은행, 이슬람 투자은행, 이슬람 역외은행, 전통은행의 이슬람 창구 등 4가지이다. 바레인의 첫 번째 이슬람은행인 바레인 이슬람은행(Bahrain Islamic Bank)은 1979년에 설립되었다. 2009년 말 현재 바레인에는 30개의 이슬람 전업은행이 있다.[1]

바레인 중앙은행(Central Bank of Bahrain)은 이슬람은행을 포함한 모든 금융기관의 감독기관이다. 바레인의 이슬람은행들이 시장 참

---

1   바레인 중앙은행(www.cbb.gov.bh)

여자들의 신뢰도를 강화하고 유지하는 데 있어 충분히 통제되고
관리된다는 것을 보증하기 위하여, 바레인 통화청(BMA)은 2000년
이슬람은행에 대한 중요 정보 및 규제 방안(Prudential Information and
Regulatory Framework for Islamic Banks, PIRI)을 제정하였다.

이슬람은행 규제 제도 제정, 은행 운영 관련 검사 정보 확인, 은행
성과 저해 요인 사전 파악 등이다.

바레인 통화청 홈페이지

자료: www.cbb.gov.bh

PIRI를 통하여 바레인 통화청은 이슬람은행들의 유동성 관리 뿐
만 아니라 은행의 자기자본, 자산의 질, 투자예금 경영, 수익성과 손

익 등을 효과적으로 감독하고 있다.[2]

① 자기자본 비율 규제 : 이슬람은행도 전통은행과 마찬가지로 적절한 수준의 자기자본을 유지하도록 하고 있다. 바레인 중앙은행은 AAOIFI가 공표한 기준에 따라 이슬람은행들의 자기자본 규제 수준을 12%로 설정하고 있다.

② 자본의 질 : 자기자본의 10%를 초과하는 여신에 대해서는 바레인 중앙은행에 보고 의무를 부여하고, 15%를 초과하는 여신에 대해서는 바인인 중앙은행의 사전 승인을 얻도록 하는 등 이슬람은행의 자산 건전성을 유지하도록 하고 있다.

③ 유동성 : 이슬람은행의 자금 조달과 운영의 불균형을 점검하여 유동성 관리를 하고 있다. 기본적으로는 전통 금융기관에 대한 유동성 규제와 차이가 없으나 이슬람은행에 대해서는 무다라바라는 투자계정의 유동성에 대한 규제가 있다.

한편 이슬람금융의 인재 육성 면에서는 이슬람금융 연구센터(Center for Islamic Finance Studies)가 설립되어 이슬람 금융산업에 종사하는 인재 육성에도 힘을 기울이고 있다.

---

2 〈Islamic Banking and Finance in the Bahrain Kingdom〉, 바레인 통화청.

3

영국

영국은 비이슬람국가 중에서 이슬람 전업은행 설립, 수쿡의 상장 등 이슬람금융이 가장 발전한 국가라고 할 수 있다. 이슬람금융 제도와 관련하여 영국은 이슬람은행 제도와 전통은행 제도의 이중 제도를 채택하고 있다.[3] 이슬람 전업은행과 전통은행의 이슬람창구가 있으나 별도의 이슬람은행법이 존재하지는 않는다. 이슬람은행의 감독은 전통은행과 마찬가지로 금융서비스위원회(Financial Services Authority, FSA)가 담당한다.

영국 정부가 이슬람금융 연구를 본격적으로 개시한 것은 1990년 대 후반 이후이다. 1996년에 에디 조지(Eddie George) 당시 영국 중앙

---

3   Michael Ainley 외, 〈Islamic Finance in the UK: Regulation and Challenges〉, FSA, Nov. 2007.

은행 총재가 이슬람금융 워킹파티(IFWP)를 설치하였다. IFWP에는 중앙은행, FSA, 시티의 대표, 영국 내 무슬림 단체인 영국 무슬림평의회(Muslim Council of Britain)와 이슬람 금융교육 전문 기관인 이슬람은행 및 보험연구소(Institute of Islamic Banking and Insurance) 등으로부터 전문가를 초빙하여 연구회를 개최하였다.

한편 영국에서는 2006년 6월 'The Islamic Finance and Trade Conference'에서 당시 브라운 재무장관이 영국은 무슬림 각국과 관계를 강화하고 이슬람 금융센터가 될 것을 표명하였다.

영국의 이슬람금융 근거법과 감독 체제

영국에는 이슬람금융 관련 특별법이 존재하지는 않는다. 금융 전반에 관해서는 2000년 금융서비스시장법(Financial Services and Markets Act 2000)이 근거법이 되고 있다. 동법은 이슬람금융도 금융의 한 분야로 보고 있는 것이다. 한편 이슬람금융의 감독 및 허가는 금융서비스위원회가 일반은행과 동일한 규정과 절차에 따라 실시하고 있다. 구체적으로 'Financial Services Authority 2006'에서는 이슬람금융에 대한 장애는 제거하나 특별히 우대하지 않는다는 점을 명확히 한 바 있다.

한편 금융규제와 별도로 이슬람금융의 상품이 전통금융 상품과 차별되지 않도록 하고 있는데, 그 대표적인 조치가 2003년의 세제개정(Finance Act 2003)에서 이슬람금융 방식 주택금융에 대해 인지세의 이중과세를 면제한 것이다.

이슬람 금융기관 및 관련 사업

① 이슬람 전업은행

영국에는 현재 5개의 이슬람 전업은행이 있으며 이 중 소매금융 은행
은 IBB 하나이며 나머지는 도매금융 은행업을 영위하고 있다.

영국의 이슬람 전업은행	
은행명	개업년도
The Islamic Bank of Britain	2004
European Islamic Investment Bank	2005
Bank of London and Middle East	2007
European Finance House	2008
Gatehouse Finance House	2008

자료: 각 회사 홈페이지

② 전통 금융기관의 이슬람 금융창구

소매금융 부문에서는 HSBC, 로이드 TSB, 도매금융 부문에서는 냇
웨스트(Natwest), 바클레이즈 캐피털(Barclays Capital), 스탠다드 차터
드(Standard Charteded) 등이 이슬람 금융창구를 설치하고 있다. 중동
계 은행인 알리 유나이티드은행(Ahli United Bank), 유나이티드 내셔
널은행(United National Bank) 등에도 이슬람 창구가 설치되어 있다.

③ 타카풀 전문회사

타카풀 전문회사로는 프린서플보험(Principle Insurance, www.biih.
co.uk)이 있다. 이 회사는 2008년 5월 금융서비스위원회로부터 인가
를 얻었다. 주요 주주는 GCC국가, 말레이시아 등의 투자자들로 구
성되어 있다.

4
싱가포르

싱가포르는 인구의 15% 가량이 이슬람교도로 구성되어 있고 지정학적으로 말레이시아, 인도네시아 등 이슬람 국가들에 둘러싸여 있는 데다 금융서비스가 국가의 주요 산업이어서 이슬람금융이 발전하기에 최적의 국가로 손꼽히고 있다. 이슬람금융 제도와 관련하여 싱가포르는 이슬람은행 제도와 전통은행 제도의 이중 제도를 채택하고 있다. 별도의 이슬람은행법은 존재하지 않으며, 2005년 기존 은행법(Banking Act)의 일부 개정으로 이슬람금융 방식인 무라바하 거래를 인가하였다. 이슬람은행의 감독기관은 전통은행과 마찬가지로 싱가포르통화청(Monetary Authority of Singapore)이다.

싱가포르 정부는 2004년과 2005년 요르단, 카타르와 자유무역협정(FTA)을 잇따라 체결한 것을 비롯해 '이슬람금융의 거점화'를 선언한 뒤 이슬람금융 거래시 인지세, 이중과세 폐지 등의 활성화

대책을 선보였다. 싱가포르는 2004년경부터 이슬람금융의 육성에 힘을 기울여 왔다. 구체적인 조치로는 2005년 은행의 무라바하 거래 허용, 2005년 이슬람금융 방식으로 부동산 거래에 관한 인지세의 이중과세 폐지, 2006년 은행에 의한 무라바하 방식의 투자상품 판매 허가 등을 들 수 있다.

법제 및 세제의 정비가 진행됨에 따라 싱가포르의 이슬람금융 산업은 급속히 성장하였다. 2005년 OCBC은행(www.ocbc.com.sg)은 싱가포르 은행 중에서는 최초로 상설 샤리아위원회를 설치하여 싱가포르와 브루나이에서 이슬람금융 서비스를 본격적으로 제공하기 시작했다. 이어 2006년 2월에는 싱가포르에서 처음으로 이슬람 투자예금을 출시하였다. 2005년 10월 바레인 이슬람 투자은행인 걸프

싱가포르의 이슬람금융 발전 연혁

시기	내용
2004. 5	요르단과 FTA 최종 합의
2005. 2	2005년도 예산에 이슬람금융 장려 조치 반영
2005. 4	IFSB 정회원 자격 취득
2005. 6	카타르와 FTA 최종 합의
2005. 9	싱가포르 통화청(MAS) 무라바하 거래 승인
2006. 2	FTSE,SGX,Yasaar 아시아 이슬람 주가지수 운용 개시
2006.11	GCC 6개국과 FTA 개시
2006.12	캐피타랜드 바레인에서 이슬람 부동산펀드 설정 발표
2009. 5	싱가포르 통화청(MAS)이 이슬람금융에 대한 종합적인 가이드라인 제정

자료: 이슬람금융연구회(일본), 〈제1장 이슬람금융의 개요〉, 재단법인 국제금융정보센터, 2007.3, pp28.

파이낸스 하우스는 상가포르 통화청으로부터 이슬람은행업 인가를 얻었다. 또한 2005년 11월에는 말레이시아 메이뱅크가 싱가포르에서 이슬람금융 업무를 개시하였다.

2006년에는 싱가포르 증시에 'FTSE SGX 아시아 샤리아 100 인덱스'가 출시되었다. 이 지수는 한국, 일본, 싱가포르, 타이완, 홍콩 등 아시아 태평양시장 주식들을 대상으로 하고 있는데, 우리나라 기업으로는 삼성전자, KT 등이 포함되어 있다. 그리고 부동산개발회사인 캐피타랜드(CapitaLand)는 바레인에서 이슬람 부동산펀드를 설정한 바 있다. 2007년에는 싱가포르 최대 은행인 DBS가 사우디아라비아, 바레인 등 걸프협력기구(GCC) 회원국가들로 구성된 펀드와 50대 50으로 출자해 이슬람 전업은행인 IBA(Islamic Bank of Asia)를 설립했다.

5
일본

2008년 2월 일본금융청과 IFSB가 이슬람금융 국제 세미나를 개최하는 등 일본에서도 이슬람금융에 대한 관심이 제고되고 있다. 일본 정부계 금융기관인 일본 국제협력은행(JBIC)은 '이슬람금융 검토위원회'를 설치하고, 이슬람 법학자를 기용하여 샤리아위원회를 설치하였다.

일본 정부는 2007년 3월 재무성 산하에 '이슬람금융연구회'를 설치하여 이슬람금융을 도입하기 위한 준비를 하고 있다. 2008년 12월에는 은행법 시행규칙을 개정하여 은행의 자회사나 형제회사가 상품이나 부동산을 보유하는 것에 대해 당해 업무가 금전 대부와 동일시되는 범위 내에서 실물이 게재되는 이슬람금융을 허용한 바 있다.

일본 정부의 노력에도 불구하고 일본 내 법 규정 등과의 상충으로 일본 금융기관이 이슬람금융 업무에 진출하는 데는 어려움이 많아 이슬람권 현지 금융기관과의 제휴를 통한 간접 진출 사례가 늘고 있다.

노무라증권은 2008년 5월 일본 기업으로는 처음으로 사우디아라비아에서 증권 면허를 취득하고, 토쿄해상그룹은 이슬람금융에 대한 세계적인 관심이 높아지기 이전인 2001년에 사우디아라비아에서 타카풀(이슬람 보험회사)사업에 참여하였다.

또한 토쿄해상그룹은 2006년 말레이시아 은행그룹인 홍룽그룹과 공동으로 말레이시아 타카풀 시장에 진출하였다.

일본 금융기관의 이슬람금융 관련 진출 동향

금융회사	추진 내용
미쓰비시토쿄UFJ은행	2006.10 말레이시아 CIMB와 이슬람금융 관련 업무 제휴
이온크레디트서비스 말레이시아	2007.1 일본 기업 최초 이슬람채권 발행(163억 엔)
다이와증권/노무라 자산관리/흥은제일생명 자산관리	샤리아 적격 일본주식펀드 설정 운용
아틀라스 파트너스 재팬	쿠웨이트의 Boubyan Global Real Estate Fund와 이슬람 부동산펀드 조성
토쿄해상	말레이시아 금융그룹과 합작으로 타카풀 사업 진출
다이와증권	2008FTSE와 일본주식 샤리아 인덱스펀드(ETF) 설정 운용
오릭스 리싱 파키스탄	이슬람채권 발행
토요타 캐피탈 말레이시아	2008 이슬람채권 발행

자료: 2009년 1월 13일 서울에서 개최된 한국금융감독원과 IFSB 공동 주최 이슬람금융 세미나 발표 자료

6
아랍 에미레이트 연방(UAE)

아랍 에미레이트연방(UAE) 또한 중동에 위치하여 이슬람은행업의 국제 중심지로 활발한 활동을 펼치고 있다.[4] UAE는 걸프만에 위치한 이슬람은행 중 가장 두각을 나타내고 있는 두바이 이슬람은행의 근거지이기도 하다.

UAE는 이슬람은행 제도와 전통은행 제도를 인정하는 이중 제도를 채택하고 있다. 은행의 감독은 UAE 중앙은행(Central Bank of UAE)이 담당하고 있다.

UAE 내 이슬람금융을 관장하는 법은 1985년 제정된 '이슬람은행, 금융기관과 투자회사에 관한 연방법 제6호'이다. 이 법은 이슬람은행 및 투자회사의 설립과 활동 범위, 그리고 감독에 대해 포괄적으

---

4   〈UAE(두바이) 외국인 투자법 및 금융 관련 법제 연구〉, 법제처, 2009. 2. pp84~90.

로 다루고 있다.

이슬람 금융회사의 설립

이슬람은행, 금융기관, 그리고 투자회사는 공공 주식회사의 형태를 취해야 한다고 규정하고 있다.

이슬람 금융회사의 활동 범위

이슬람은행은 은행 업무, 무역, 금융, 투자 업무 등의 모든 서비스를 취급할 수 있다고 명확히 하고 있다.

이슬람 금융회사의 감독

이슬람은행과 투자회사들이 이슬람법에 따라 활동하는지 감독하기 위해 최고 이슬람법 감독기구를 설치하였다.

7

인도네시아

인도네시아는 말레이시아 등과 함께 이슬람금융 산업의 발전에
힘을 쓰고 있는 국가 중의 하나이다.[5] 무슬림 국가 중에서 인구가 가
장 많은 인도네시아는 이슬람은행과 전통은행을 모두 인정하는 이
중 제도를 채택하고 있다. 이슬람은행법을 별도로 제정하지 않고 기
존의 은행법에 이슬람은행업에 관한 규정을 추가하였다. 1992년에
성립된 은행법(Banking Act No. 7/1992)에 이슬람금융에 대한 내용인
수익을 공유하는 은행 영업을 포함시킨 것이다.

이후 인도네시아 중앙은행은 2002년 '인도네시아 이슬람금융 발

---

5 〈The Spread of Syariah Financial Institutions in Indonesia〉, Kitamura Keiko, Forum of
   International Development Studies 27. 2004. 8.

전 방안(The Blueprint of Islamic Banking Development in Indonesia)'을 제
정하여 이슬람금융에 대한 청사진을 마련하였다.

2008년 4월에는 이슬람 채권시장 관련 법체계를 정비하였다. 이
와 함께 인도네시아 중앙은행은 이슬람금융 상품 체계화를 발표하
여 이슬람금융 상품 개발을 지원하였다.[6] 이러한 조치에 힘입어
2009년 4월 인도네시아는 처음으로 이슬람채권(수쿡) 6억 5000만
달러를 성공적으로 발행하였다.
　　인도네시아에는 2009년 말 현재 3개의 이슬람 전업은행, 28개의
이슬람창구가 있다.

6　〈Directorate of Islamic Banking Bank Indonesia〉, Codification of Islamic Banking
　　Products, 2008.

8
이슬람금융 단일 시스템을 채택한 국가들: 파키스탄·이란·수단

이슬람금융 시스템을 받아들인 70여 개국에서 이슬람 금융기관의 중요성, 지위 및 특성은 수없이 변화하였다. 이 중에서 파키스탄, 이란, 수단은 전통금융 시스템을 부정하고 이슬람금융 단일 시스템을 채택한 바 있다.[7]

파키스탄은 1950년대 초반 이슬람은행에 대한 연구를 시작했다. 이후 1979년 이슬람금융 단일 시스템을 도입하였다. 그러나 파키스탄 정부의 시도는 성공적이지 못하여 전통금융 시스템이 일부 부활하는 결과를 초래하였다.

이란의 경우 혁명 이후 은행업은 국유화되었다. 1983년 무이자 은행법(Usury-Free Banking Act)이 3년에 걸쳐 시행되었다. 그러나 이

---

7   홍성민, 〈이슬람 경제와 금융〉, Kuis Press 2009. pp276~279.

슬람금융 단일 시스템을 도입한 다른 국가들의 경우처럼 이자 기반 금융은 완전히 제거되지 않았다. 예를 들면 외국은행은 이자 기반의 형태로 계속 운영되었다.

이란의 경우 이론상 이자(Riba)는 제거되었지만 더 높은 이자율이 비공식적인 시장에서 모호한 형태로 출현하였다. 약 1300개의 이슬람 신용기금은 기본적으로 고리저축기관(Usury Store)이 되었다. 이러한 문제점들을 해결하기 위해 1990년대 들어 이란 정부는 다양한 형태의 이자에 대한 보상을 허용하는 등 금융 자유화 조치를 취하게 되었다.

수단은 1956년 영국과 이집트의 공동 통치에서 독립하면서 이슬람화가 추진되었다.[8] 1984년 수단 중앙은행(The Bank of Sudan)을 이슬람화한 후, 1992년 이슬람은행법을 제정하였다. 그러나 정부 차원에서 이슬람 금융시스템이 본격적으로 도입되기 훨씬 이전부터 많은 은행들이 이슬람금융을 취급하고 있었으며, 이 중에서도 가장 주목할 만한 은행은 1978년 5월 10일에 문을 연 파이잘 이슬람은행(Faisal Islamic Bank)이다.

중앙은행은 수단 금융권의 이슬람화를 총괄하는 역할을 맡고 있으며, 이 내용은 1999년 제정된 중앙은행의 '종합은행업 지침'에 잘 나타나 있다.

---

8   Sudan Economy Research Group, 〈Poverty Alleviation via Islamic Banking Finance to MEs in Sudan〉, Sudan Economy Research Group Discussion Paper No.35, 2003.

금융업의 이슬람화를 촉진할 수단은 다음과 같다.

① 이슬람금융에 대한 모델을 수립
② 새로운 금융상품, 통화상품 및 이슬람상품의 소개
③ 이슬람 감사 및 회계의 표준 적용법을 검토
④ 이슬람금융 형식에 대한 은행매뉴얼 제정
⑤ 관련 금융기관과 공동으로 수단 내 이슬람금융 역사를 문서화
⑥ 샤리아(Shariah)에 적합한 영업을 진행 중인지 검증하기 위한 은행 내부 감사 역할의 활성화

또한 수단은 말레이시아와 마찬가지로 중앙은행 내에 샤리아 자문위원회를 보유하고 있는 국가이다. 고등 샤리아 자문위원회(Sharia High Supervisory Board)는 이자의 배제를 비롯하여 갖가지 은행업이 샤리아에 입각하고 있는지를 철저히 감독하는 것을 주된 목적으로 1992년에 설립되었다.

말레이시아의
이슬람금융 현황

ISLAMIC
FINANCE

말레이시아는 종교적·지리적인 이유에서 이슬람금융에 강점을 갖고 있다. 이슬람 국가로서
아시아와 중동을 연결하는 가교 역할을 할 수 있기 때문이다. 1983년 이슬람은행법을 제정
한 이후에는 이슬람금융 분야의 선두주자로서 입지를 공고히 하고 있다.
영국 등이 이슬람금융 제도를 도입할 때 상당히 많은 부분을 참고할 만큼 말레이시아의 이슬
람금융 제도는 체계화되어 있다. 이 장에서는 이와 같은 말레이시아의 이슬람금융 현황에 대
해 살펴본다.

1
말레이시아 국가 개요

말레이시아는 동남아시아에 있는 입헌군주제의 국가이다. 총 면적 33만 6700제곱킬로미터로 13개의 주와 3개의 연방지구로 구성되어 있다. 연방지구로는 쿠알라룸푸르, 푸트라자야, 라부안이 있다. 말레이시아는 남중국해를 사이에 두고 크게 말레이시아 반도(서말레이시아)와 동말레이시아로 나뉜다.[1]

총 인구 2600만 명 중 61%는 말레이인, 30%가 중국인이며, 인도인이 8%, 그리고 그 외가 1%를 차지한다. 말레이시아의 국교는 이슬람교이지만 실제로는 여러 종교가 혼재한다. 2000년의 정부 인구조사 통계에 따르면 전체의 60.4%가 무슬림이며, 불교 신자가

---

[1] Dr. Nik Norzrul Thani, Mohamed Ridza Mohamed Abdulla, Megat Hizaini Hassan, 《Law and Practice of Islamic Banking and Finance》, Thomson. 제6장은 이 책과 말레이시아 중앙은행의 홈페이지 자료를 참고하였다.

19.2%, 힌두교 신자가 6.3%, 기독교인이 9.1%이다.

말레이시아 지도

말레이시아는 풍부한 자연 자원, 광물, 재정, 통화 정책, 그리고 정치적 안정 등을 기반으로 아시아에서 가장 급속도로 성장하고 있는 나라 중 하나이다.

2

말레이시아 이슬람금융 연혁

말레이시아에서는 1980년대 초에 인구의 약 61%를 차지하고 있는 말레이계 주민의 종교의식 고취 및 동 주민에 대한 경제적 지위 향상을 목적으로 이슬람은행 제도가 구상되었다. 이슬람금융이 본격적으로 도입된 것은 마하티르가 집권하던 기간(1981~2003년)이다.

그 배경은 당시의 말레이시아 국내외 상황과 관련이 깊다. 1970년대 일기 시작한 이슬람부흥운동과 1971년에 개시한 신경제정책(New Economic Policy)이다.

마하티르는 근대화와 종교적 가치관의 양립을 목표로 ① 이슬람 사고방식을 금융 거래에 반영시키는 것과 ② 이슬람의 고등교육기관 및 조사연구기관의 설립이라는 방법을 택한 것이다. ①과 관련하여 1983년에 말레이시아 최초의 이슬람은행인 말레이시아 이슬람은행(Bank Islam Malaysia Bhd, BIMB)이 설립되었다. 또한 ②와 관련하

여 이슬람 경제개발재단(Yayasan Pembarigunan Ekonomi Islam Malaysia)
및 국제 이슬람대학(International Islamic University Malaysia) 등이 설립
되었다. 이후 이슬람금융은 비약적인 발전을 하였는데 아래 표는 그
내용을 정리한 것이다.

말레이시아의 이슬람금융 연혁	
시기	내용
1981~1982년	국립조정위원회가 이슬람은행 제도 설립 제언
1983년	이슬람은행법 제정(Islamic Banking Act)
1983년	최초의 이슬람은행인 말레이시아 이슬람은행(BIMB) 설립
1989년	은행 및 금융기관법(BAFIA) 제정
1993년	무이자은행 스킴 도입, 일반 은행이 이슬람은행 사업 진입 허용
1994년	이슬람은행의 은행 간 시장 창설
1996년	증권위원회가 샤리아 자문위원회(SAC) 설치
1997년	중앙은행이 샤리아 자문위원회(SAC) 설치
1999년	복수 은행의 이슬람은행 부문 합병으로 무아말라트 말레이시아은행 탄생
2001년	중앙은행 금융 부문 마스터플랜 발표, 재무성과 증권위원회가 자본시장 마스터플랜 발표
2004년	쿠웨이트, 사우디아라비아, 카타르의 이슬람은행이 면허 취득
2005년	외국은행의 이슬람금융 자회사에의 출자 비율 상한을 49%로 확대
2006년	국제 이슬람 금융센터(MIFC) 설립

3
말레이시아 최초의 이슬람 전업은행

말레이시아 이슬람은행(BIMB)은 무슬림들의 자본을 시장에 적극적으로 활용하자는 목표 아래 1980년 말레이인 경제의회(Bumiputra Economic Congress)를 통해 제의되었다. 이듬해에는 말레이시아 국립대학이 BIMB의 설립에 관한 구체적인 계획을 진행할 것을 정부에 제안하였다. 이후 BIMB의 설립과 관련하여 진행된 움직임은 다음과 같다.

① 각 개인과 사회단체들의 이슬람은행 설립을 위한 활발한 연구 지속
② 이슬람 은행연구회(Study Group on Islamic Bank) 설립
③ 재정 자문위원회와 이슬람 은행연구회의 공동 회담을 통해 국립 조정위원회(National Steering Committee)의 형성이 시급함에 동의

이슬람은행업 국립 조정위원회

국가적인 차원에서 이슬람은행업에 관한 조정이 필요함을 느끼고 1981년 7월 이슬람금융 국립 조정위원회(Islamic Bank National Steering Committee)가 설립되었다.

위원회의 규정에는 다음의 조항들이 포함되어 있다.
① 이슬람은행업 및 의무의 정의
② 말레이시아 금융시장의 성격에 맞는 이슬람은행업 검토
③ 정부에게 말레이시아 이슬람은행 설립 기획안을 구체적으로
제출(이슬람금융의 기본, 법률 체제 구축, 기관의 시스템, 영업 영역 제안)

국립 조정위원회는 종교위원회, 법률위원회 그리고 영업위원회 3가지로 분류된다. 상위 세 위원회는 수단과 이집트의 파이잘 이슬람은행(Faisal Islamic Bank), 이슬람금융 관련 책자, 그리고 말레이시아의 사회경제적 배경을 연구하여 말레이시아 이슬람은행의 영업의 밑바탕이 될 다음의 3가지 원칙을 수립하여 정부에 제출하였다.
① 리바(Riba) 지불 대신 수익과 손실을 공유
② 모든 은행 업무는 이슬람 원칙에 근거
③ 샤리아(Shariah)에 위배되는 행위의 금지

나아가 1983년에는 다음의 제안들에 근거하여 이슬람은행법(Islamic Banking Act 1983)이 제정되었다. 동시에 말레이시아의 첫 이슬람은행이자 사기업인 BIMB가 다음과 같이 설립되었다.

① 이슬람은행은 샤리아에 근거하여 업무를 진행한다.

② 처음에는 하나의 이슬람은행만을 세워 그 효율성이 인정되면 더 많은 수의 이슬람은행을 설립하도록 한다.

③ 가능한 공기업이 아닌 사기업의 형태로 영업에 임하도록 함으로써 일반 은행과의 경쟁에서 살아남을 수 있는 힘을 기르도록 한다.

④ 이슬람은행을 규제할 이슬람금융 법률 구축이 필요하다.

⑤ 이슬람은행법은 중앙은행(Bank Negara Malaysia, BNM)의 관할하에 두도록 한다.

⑥ 샤리아에 입각하여 영업하는지 여부를 감독할 기관인 종교적 감독위원회를 설립한다.

⑦ 위의 제안들에 근거하여 설립된 기관은 말레이시아 이슬람은행(Bank Islam Malaysia Berhad)으로 명명한다.

1983년 BIMB의 설립 이후 1999년이 되어서야 두 번째 이슬람은행인 무아말라트 말레이시아은행(Bank Muamalat Malaysia Berhad, BMMB)이 설립되었다.

4
말레이시아 국제 금융센터

말레이시아는 선도적인 국제 이슬람금융 중심지로서의 위상을 높이기 위해 2006년 중반 말레이시아 국제 금융센터(Malaysia International Financial Centre, MIFC)를 설립하였다.

MIFC의 설립과 함께 말레이시아는 이슬람금융서비스 제공자로서 다음과 같은 상품과 서비스들을 제공하고 있다.

① 이슬람 자본시장 및 수쿡(이슬람채권)을 비롯한 재무증권(Treasury Instruments)의 발행, 유통 및 거래를 위한 발판의 역할
② 아시아의 이슬람펀드 및 자산관리 부문 특정 시장에 대한 이슬람 투자의 관문
③ 국제 통화에 대한 이슬람 금융서비스(예금과 융자 포함)
④ 타카풀(이슬람 보험) 및 재타카풀(이슬람 재보험) 사업의 중심지

자료: www.mifc.com/

또한 말레이시아는 MIFC를 통해 이슬람 금융기관들에 이슬람은
행 및 금융 분야의 숙련되고 유능한 인재들을 공급하면서 최고 중심
지로 자리매김하고 있다. 말레이시아는 외국의 감독기관들에 이슬
람금융의 규제와 감독에 관한 기술적 지원을 하고 해당 분야에서의
경험을 공유하는 등 전문적 지식을 전수하고 있다.

말레이시아 국제 금융센터(MIFC)에 보다 많은 금융기관들을 유치
하기 위해 도입된 주요한 인센티브들은 다음과 같다.

① 1983년 이슬람은행법(Islamic Banking Act 1983)에 따라 자격 있
는 외국 및 말레이시아 금융기관이 자회사나 지점으로서 비거주
자와 거주자를 대상으로 국제 통화에 대한 전 영역의 이슬람은행
업무를 제공할 수 있도록 신규 면허를 발급한다. 이 법인들은

1967년 소득세법에 의거 2007 과세연도부터 10년간 소득세의 완전 면제를 신청할 수 있다.

② 자격 있는 외국 및 말레이시아 금융기관이 자회사나 지점으로서 비거주자와 거주자를 대상으로 국제 통화에 대한 전 영역의 이슬람 보험(타카풀) 업무를 제공할 수 있도록 신규 등록증을 발급한다. 이 법인들은 신규 은행법인에 준하는 세금 면제 혜택을 신청할 수 있다.

③ 라부안 역외 이슬람은행, 역외 이슬람 투자은행, 역외 타카풀 회사 및 역외 은행과 역외 보험회사의 이슬람 부문을 대상으로 라부안 현지에 실제로 회사를 설립 운영하지 않고도 말레이시아의 어느 지역에서나 운영사무소를 개설할 수 있도록 허용함으로써 사업 운영의 유연성을 부여한다.

④ 이슬람 펀드 운용사들은 외국인의 전체 지분 소유가 허용될 뿐만 아니라 전 자산의 해외 투자도 허용된다.

⑤ 승인된 외국인 투자 이슬람펀드를 운용하는 국내외 회사들은 2008 과세년도부터 2016 과세년도까지 운용 수수료에 대한 소득세를 면제받는다.

5
이슬람금융 시스템

금융시스템이란 금융시장을 이루고 있는 자금의 공급자, 수요자 및 금융기관 등을 형성하고 운영하는 모든 법규와 관행을 총칭하는 제도를 의미한다. 말레이시아는 이슬람금융 시스템이 확실하게 자리매김을 할 수 있도록 금융상품, 시장 참여자, 이슬람은행 간 통화시장 등의 제반 조건 정비를 위해 힘을 쓰고 있다. 이슬람은행 관련 법률 등은 뒤에서 살펴보기로 하고 여기에서는 금융상품, 시장 참여자, 이슬람은행 간 통화시장에 대해 정리하기로 한다.

다양한 금융상품

1993년 BIMB에 의해 샤리아 원칙에 근거하면서 일반 금융기관과의 거래가 가능한 21가지의 다양한 금융상품이 개발되었다. 또한 정부는 2001년을 시점으로 이슬람 금융상품을 취급하는 은행과 문서, 서류 및 홍보물에 '이슬람 로고'를 사용하도록 함으로써 대중의 이슬람금융에 대한 인지도가 비교적 높아지게 되었다.

2003년 들어서는 "BNM Guidelines on Standard Generic Names of Islamic Banking Products"이 BNM에 의해 출간되어, 이슬람금융에 대한 보다 구체적인 이해를 가능하게 하려는 움직임이 있었다. 가이드에 포함된 내용 중에는 "모든 이슬람 금융상품에는 'i'를 붙이도록 한다"는 항목이 포함되어 있다. 예를 들자면 'Project Financing I, Property Financing-I' 등으로 표기하는 것이다.

다수의 시장참여자

이슬람금융이 시장에서 차지하는 비율을 높이기 위해서는 다수의 참여자가 필수적임은 말할 나위 없다. 동시에 이슬람금융을 취급하는 이슬람 금융기관의 수를 늘리고 각종 기관과 상품을 연결하는 이슬람 통화시장이 필요하게 되었다.

이 같은 원리에 입각하여 BNM은 이자금지 은행업 계획(Skim Perbankan Tanpa Faedah, SPTF)을 세워 일반 은행들도 이슬람 금융상품을 취급할 수 있도록 하였다. SPTF는 1998년 이슬람은행업 계획(Islamic Banking Scheme, IBS)으로 명칭이 바뀐다. 이듬해부터 이슬람은행 업무를 이행하는 모든 금융기관들은 그들의 이슬람은행 '단위'를 이슬람은행업 '부서'로 강화하도록 법으로 규정하여 이슬람금융의 입지를 더욱 확고히 하였다.

이슬람은행 간 통화시장

각종 이슬람 금융기관과 상품을 연결시켜줄 매개체로 1994년 이슬람은행 간 통화시장(Islamic Interbank Money Market, IIMM)이 설립되었다.

IIMM의 도입은 다음을 가능하게 하였다.

① 이슬람 금융상품의 은행 간 거래

이슬람은행과 IBS에 따라 이슬람 금융상품을 취급하는 기관(이하 IBS은행)들은 서로 이슬람은행 인수어음이나 이슬람증권을 거래할 수 있다.

② 알무다라바(수익의 공유) 은행 간 투자

흑자를 낸 IBS은행 또는 이슬람은행들이 다른 IBS은행에 투자할 수 있도록 한 것이다.

③ 이슬람은행 간 어음교환소 설립

알무다라바 원칙에 입각한 IBS은행 또는 이슬람은행들을 위한 전문 어음교환소가 설립되었다.

이슬람 금융상품의 거래량이 많아짐에 따라 IIMM이 금융시장에서 차지하는 비중은 점점 더 증가하여 그 규모는 2001년 238억 링기트에서 2002년 327억 링기트로 무려 37.4%나 성장한 것으로 발표되었다.

이슬람금융의 성장을 위해 말레이시아 이슬람 금융기관협회(Association of Islamic Banking Institutions of Malaysia, AIBIM)가 설립되고,

2001년 2월에는 이슬람은행업 종사자들을 육성하는 교육, 리서치 및 연수기관인 말레이시아 이슬람금융연수원(Islamic Banking and Finance Institute Malaysia, IBFIM)이 설립됨으로써 이슬람금융 서비스 뿐만 아니라 이슬람은행업, 타카풀 그리고 국내외 이슬람 자본시장에 관한 활발한 연구 활동이 가능하게 되었다.

설립 당시 은행 소유였던 IBFIM은 2001년 9월 금융산업 전체가 공유하는 연구기관으로 변모하였다. 현재 IBIFM의 주주는 이슬람은행을 비롯한 IBS은행, 그리고 타카풀회사들로 구성되어 있다.

6
이슬람 자본시장

주식시장과 국공채 시장, 그리고 장기 채권시장(증권시장)을 포함하고 있는 이슬람 자본시장은 여느 장기 금융시장과 마찬가지로 다양한 만기일을 지닌 국채와 법인 주식 및 채권, 상품선물 등을 비롯한 장기 금융상품이 샤리아에 적합하게 발행, 거래되고 있다.

이슬람 자본시장(ICM)은 이슬람 율법에서 규정하는 이자(Riba), 도박(Maisir), 불확실성(Gharar)에 모순되지 않도록 운영되고 있다.

이슬람 자본시장(ICM)은 말레이시아 자본시장을 이루고 있는 구성 요소로 국가의 경제 성장에 기여하고 있다. ICM은 인프라 수요에 대응하기 위해 이슬람 자본시장 전담부서(ISMD)를 설치하고, 효율적인 인프라 시스템을 지원하고 있다.

ISMD의 역할은 시장 조사와 개발 활동을 포함하여 장기 계획 수립을 통해 ICM의 발전에 기여하는 것이다.

1996년 5월 ICM은 샤리아 문제에 대응하고 자문을 구하기 위해 증권위원회에 샤리아 자문위원회(Sharia Advisory Council, SAC)를 설립하였다. 저명한 샤리아 학자 및 이슬람 경제와 금융의 전문가들이 SAC의 회원으로 활동하고 있다.

이슬람 주식시장

이슬람 주식시장을 3가지 성격으로 분류하자면 첫째, 리바의 부재 둘째, 불확실한 것에 대한 투자 금지, 그리고 마지막으로 샤리아가 금하고 있는 행위를 주업으로 하는 회사의 주식 거래를 허용하지 않는 것을 들 수 있다.

이는 이슬람 원칙을 근본으로 하는 이슬람 주식시장의 특성상, 비도덕적인 분야로 투자가 진행되는 것을 막기 위한 수단이다. 시장 조성(market making), 내부자 거래 등을 금지하고 있다.

충분한 자금을 보유하지 못한 자가 공매도를 시도하는 것 또한 '완전한 소유자'에 해당하지 않는 거래이므로 샤리아에 어긋난다고 본다. 이는 매수자 입장에서 약속된 상품의 수취를 보장받기 위해서이기도 하다.

국채시장

말레이시아의 첫 이슬람은행인 BIMB가 1983년 처음 문을 열었을 때만 해도 국채인 말레이시아 정부채권(Malaysia Government Securities, MGS)이나 말레이시아 재무부증권(Malaysian Treasury Bills, MTB)과 같은 이자를 지불하는 채권에 대해 이슬람은행은 구입이 제한되었다. 이러한 제도적 규제는 이슬람은행의 입장에서 보았을 때, 잉여자금을 일시적으로 투자할 만한 마땅한 대체상품을 찾을 수 없어 불리할 뿐만 아니라 충분한 유동성을 확립하는 데 있어 큰 장애물일 수밖에 없다.

이를 감안하여 말레이시아 정부는 정부투자법(Government Investment Act 1983)을 제정하여 기부성 대출의 성격을 띄는 정부 투자증서(Government Investment Certificate, GIC), 즉 이자를 지불하지 않는 이슬람국채를 발행, 정부가 주도하는 프로젝트를 비롯한 국가 개발 차원의 각종 산업에 GIC 수익을 활용하도록 주도하고 있다. "만기일에 원금상환이 보장된다는 전제하에 투자자는 어떠한 형태의 소득도 바라지 않고 무조건적인 대출을 해준다"는 것이 기본 원리이다. 현실적으로 약정된 고정이율은 아니지만 다양한 형태로 이윤배당이 이루어지고 있다.

이슬람채권

2001년 944억 링기트에 불과했던 민간 부문 부채증권인 PDS(Private Debt Securities) 거래 규모는 이듬해 2002년 1185억 링기트로 늘어난 것으로 집계되었다.[2] 이 중 이슬람 PDS와 장기보통채권(Long-term Straight Bonds)이 각각 38.2% 그리고 21.4%를 차지하여 주된 투자상품으로 나타났다.

이슬람금융의 지속적인 성장을 도모하기 위하여 말레이시아 정

---

2   말레이시아 중앙은행 연말보고서(2002년).

부는 2003년 예산에서 무다라바(Mudharabah), 무샤라카(Musyarakah) 또는 이자라(Ijarah)를 원칙으로 하는 이슬람 PDS거래에 징수하던 세금을 향후 5년 동안 공제할 것을 발표하여 이슬람 PDS의 거래량을 증가시킨 바 있다.

라부안 이슬람 역외금융센터

라부안 역외금융 서비스청(Labuan Offshore Financial Services Authority, LOFSA)은 라부안을 국제 역외금융센터(IOFC)로 육성하기 위한 모든 활동을 선도하고 통괄 조정하기 위해 설립된 기관이다.

라부안 역외금융 서비스청(LOFSA)은 역외금융 서비스업 사업 활동에 대한 정부 감독기구 조직을 효율적으로 개편하고, 연구개발 과제를 수행하며, 운영 효율을 개선하여 국제 역외금융센터(IOFC)에 우호적인 사업 환경을 조성하고 있다. 또한 라부안 역외금융 서비스청(LOFSA)은 핵심 사업 분야로서 이슬람금융을 개발하고 있다.

라부안 국제금융 거래소(Labuan International Financial Exchange, LFX)는 라부안에서 제공되는 역외금융 서비스를 보완하기 위해 설립된 역외금융 거래소이다. 라부안 국제금융 거래소(LFX)는 신청서 제출로부터 승인, 상장, 상장된 금융상품의 거래 및 청산 결제에 이르기까지 전 과정을 지원하는 포괄적인 서비스를 제공한다.

라부안 국제 역외금융센터(IOFC)는 라부안의 역외 업무의 성격이 기본적으로 외화를 기본통화로 하며 비거주자를 상대로 하기 때문에 말레이시아 외환규제법령의 규제를 받지 않는다.

타카풀회사(이슬람 보험사)

1984년 샤리아 원칙에서 벗어나지 않으면서 자연 재해 및 돌발 참사로부터 무슬림들의 보호막이 되어줄 보험의 개발을 위해 '타카풀법(Takaful Act 1994)'이 통과되었다.

같은 해 11월에는 상업적인 성격을 띠면서 샤리아를 따르는 말레이시아의 첫 이슬람 보험회사이면서 BIMB의 자회사인 샤리카 타카풀 말레이시아(Syarikat Takaful Malaysia Sendirian Berhad)가[3] 설립되었다. 이후 1993년 11월 두 번째 타카풀회사인 타카풀 내셔널(Takaful National), 그리고 2002년 7월에 메이반 타카풀(Mayban Takaful)이 설립되어 이슬람 보험시장의 선두주자로서 왕성한 활동을 펼치고 있다.

---

3 말레이시아에서는 회사와 관련하여 Bhd, Sdn이라는 용어가 자주 등장한다. Berhad(버하드)는 말레이어로 주식회사의 의미로 영어의 Limited에 해당한다. Bhd는 Berhad의 약자이다. Sendirian Berhad(센드리안 버하드)는 유한회사에 해당하며 Sdn Bhd는 그 약자이다.

7

이슬람은행을 둘러싼 법률 제도의 구조

이슬람금융 허브를 표방하는 말레이시아가 가장 먼저 착수한 이슬람금융 진흥책 중의 하나는 이슬람은행법 등 법률의 제정과 개정을 통한 지원이다. 여기에서는 말레이시아의 이슬람은행법, 정부투자법, 이슬람은행과 관련 있는 세법에 대해 살펴보기로 한다.

이슬람은행법

이슬람은행법(Islamic Banking Act 1983, IBA)은 1983년 3월 10일 시행되어 이슬람은행들의 영업을 인가하고 감독하는 역할을 하고 있다. 본래의 은행법(Banking Act 1973)에 이슬람은행에 걸맞은 규정들을 더하여 제정된 법안으로 이슬람은행법에서 규정하고 있는 이슬람은행의 영업 성격은 다음과 같다.

① 영업의 목적은 이슬람 종교에 위배되거나 이를 저해할 요소를 지녀서는 안 된다.
② 이슬람 종교가 금하고 있는 어떠한 영업도 수행하지 못하도록 샤리아위원회를 설립하고 자문을 받아야 한다.

그렇다면 일반 상업은행들도 이슬람은행의 영업을 진행할 수 있는가? 이슬람은행인 IBA에 따르면 이슬람은행 업무를 수행하고 유효한 영업 면허를 지녔으면 말레이시아 내 그 은행의 모든 지점 및 사무실은 이슬람은행으로 구분한다.

다시 말해 일반 은행이 이슬람은행으로서 영업하려면 이슬람은행인 IBA에 근거하여 재무부 장관의 허가를 얻음과 동시에 샤리아 원칙에 근거하여 영업을 수행하고, 샤리아 위원을 통해 자문을 받아야만 한다.

이에 더하여 전통 금융기관에 관한 법률인 은행 및 금융기관법(BAFIA)에서는 어떤 금융기관도 재무부 장관의 허가 없이 '이슬람', '무슬림' 또는 이슬람은행 상품을 취급하고 있다는 인상을 줄 수 있는 용어를 사용하지 못하도록 규정하고 있다.

정부투자법

단기 재무부채(Malaysian Government Treasury Bills)와 단기 정부채권(Malaysian Government Securities)은 일반 은행에게 있어 중요한 자금확보 수단이다. 그러나 이자를 지불하는 것 때문에 이슬람은행들에게 이러한 정부채권의 거래는 금지되고 있어 법률상 요구되고 있는 자기자본 비율에 적합한 재무 조건을 갖추고 있기가 어렵다.

이러한 불리함을 해결하기 위한 이슬람은행들의 요청에 부응하여 말레이시아 정부는 1983년 3월 10일부터 정부투자법(Government Investment Act 1982)을 시행, 이자를 지불하지 않는 정부채권을 발행함으로써 이들 은행들의 제한된 유동성에 숨통을 트일 수 있는 기회가 되었다. 정부투자증서(Government Investment Certificate, GIC)라고 불리는 이 채권은 일반 정부채권과 달리 배당금이 미리 정해져 있지 않고, 그 당시 경제 상황에 따라 재무부의 정부 투자채권 배당금위원회가 배당 수준을 결정하여 임의대로 지불하도록 하고 있다.

이슬람은행업과 세법

현행법상 이슬람은행들과 가장 밀접한 관계가 있는 세법들로는 인지세법(Stamp Act 1949), 부동산 취득세법(Real Property Gains Act), 그리고 소득세법(Income Tax Act 1967) 3가지를 들 수 있다.

이슬람금융과 관련된 세법 등의 우대 조치 내용에 대해서는 말레이시아 증권위원회 홈페이지의 '이슬람 금융시장 특별 지원 방안'에 잘 나타나 있다.

8
말레이시아 금융감독기관의 구조

말레이시아의 금융감독기관들은 중앙은행(BNM)을 중심으로 구성되어 있으며 다음의 2가지 이념에 근거하고 있다.

① 안정된 금융시스템 및 재무구조 확립
② 말레이시아의 금융시장에 국내외 각종 금융 거래가 용이하도록 유도

중앙은행(BNM)은 이 2가지 이념을 목표로 하여 각종 규율을 제정하고, 추가로 필요한 사항이나 개정해야 할 부분이 있을 경우에도 관여할 권리를 지닌다.

재무부

재무부(Minister of Finance)는 중앙은행을 관할하는 정부기관으로 중앙은행보다 위계상 큰 힘을 지니고 있으나, 금융기관의 감독 역할에 있어서는 대부분의 경우 중앙은행의 동의 또는 조력 없이 독자적으로 그 권한을 이행할 수 없다.

재무부의 주된 업무는 다음과 같다.
① 중앙은행의 제안 사안 최종적 결의
예) 금융기관의 면허 수여 또는 박탈 여부에 관련된 사안
② 중앙은행의 제안으로 금융기관을 구제하거나 그 책임을 맡을 관리자를 임명하는 권한이 있다.
③ 예금자를 위험에 빠뜨릴 수 있는 영업을 해당 금융기관이 시행한다고 의심될 경우 처벌을 할 수 있다. 이는 재무부가 단독적으로 집행할 수 있는 드문 권한에 해당한다.
④ 재무부의 동의가 반드시 필요한 사안의 처리가 있다.
예) 해당 금융기관의 감독관 임명 또는 대출의 승낙
⑤ 중앙은행의 강력한 제안 또는 추천이 있는 사안이라 할지라도 그에 동의하지 않을 권리 또는 해당 사안에 관한 의사 표현을 연기할 수도 있다.

은행 및 금융기관법

1989년 은행 및 금융기관법(Banking and Financial Institutions Act 1989, BAFIA)이 제정되었다. 다음의 3가지 형태의 기관들은 BAFIA 의

규정을 따라야 하는 금융기관들이다.

① 인가된 기관(Licensed Institutions) : 예금 예치가 가능한 주요 기관들

예) 상업은행, 금융회사, 상인은행, 어음 할인업자, 통화 브로커 등

② 지정기관(Scheduled Institutions) : 주요 비은행기관들

예) 신용카드 및 지불카드 회사, 주택조합, 에이전시, 리스회사 등

③ 자금조달을 주업으로 하는 비지정(Non-Scheduled) 기관

예) 사법기관 또는 BAFIA의 규정에 따라 면허를 요하지 않는 개인 또는 회사를 포함

다만 이슬람은행은 BAFIA가 아닌 이슬람은행법(Islamic Banking Act 1983)에 근거하고 있다는 점을 유념하여야 한다.

그 외 감독기관 : 증권위원회와 LOFSA

1) 증권위원회(Securities Commission)

1993년 3월 1일, 증권위원회법(Securities Commission Act 1993)이 통과되기 전까지 장기 금융시장은 중앙은행을 비롯하여 다수의 감독기관들의 공통된 규제 하에 있어서 비능률적으로 감독되었다. 이에 대한 대안으로 증권, 옵션, 통화선물을 포함하는 장기 금융시장 거래상품과 그 시장 참여자들을 총괄적으로 감독하는 증권위원회가 설립되었다.

증권위원회의 주된 업무는 증권, 통화선물 및 옵션, 계약형 투자신탁(Unit Trust), 재산 투자신탁(Property Trust), M&A 시장의 감독 및

개발을 포함한다.

증권위원회는 이슬람금융과 관련하여 샤리아 적격 주식을 발표하고, 이슬람금융 관련 각종 가이드라인을 제정한다.

자료: www.sc.com.my

2) 라부안 역외금융 서비스청

라부안 역외금융 서비스청(Labuan Offshore Financial Services Authority, LOFSA)은 말레이시아 정부가 라부안 섬을 국제 역외금융센터(International Offshore Finance Center, IOFC)로 자리매김하기 위해 설립한 감독기관으로서 활발한 R&D를 통해 라부안 지역 역외 산업을 발전시키기 위해 노력 중이다.

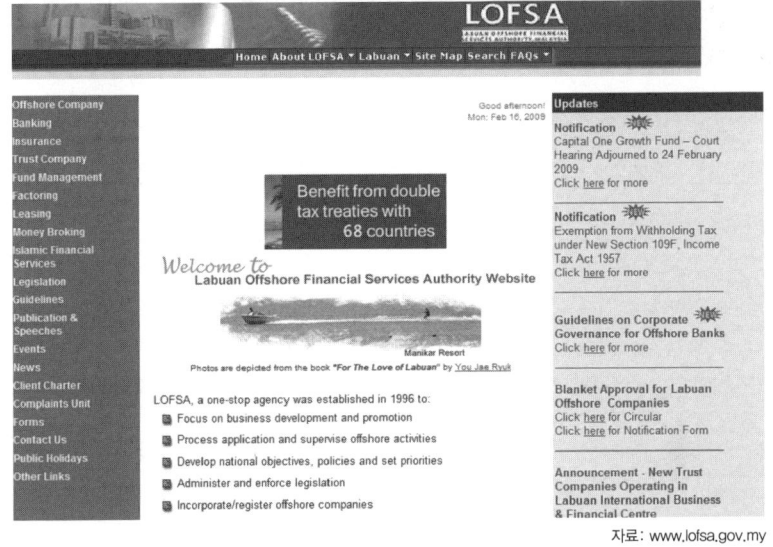

자료: www.lofsa.gov.my

말레이시아 중앙은행

말레이시아 중앙은행(Bank Negara Malaysia, Central Bank of Malaysia)은 말레이시아 중앙은행법하에서 아래와 같은 목적으로 1958년 설립되었다. 역할은 다음과 같다.

① 통화가치 보호를 위한 화폐 발행과 준비금

② 은행원과 금융 어드바이저 관리

③ 재정상 안정성과 건전한 재무구조 촉진

④ 국가 지불과 처리 시스템의 효율적 관리를 통한 신뢰 구축

⑤ 국가 신용 상황에 영향

말레이시아 중앙은행의 주요 기능은 재정 안정, 금융 안정 그리고

지불 시스템에 초점을 맞추고 경제 관리, 기관 설립과 말레이시아 금융시스템의 발전에 기여하고 있다. 이슬람금융에서 특별히 중시하는 말레이시아 중앙은행의 역할은 말레이시아에서 이슬람은행과 타카풀 부분의 통제, 촉진 그리고 성장이다. 말레이시아 중앙은행은 관련된 정부기관과 민간 부분이 이슬람은행과 타카풀 산업의 발전을 촉진할 수 있도록 공동으로 설립하였다.

말레이시아 중앙은행 홈페이지

자료: www.bnm.gov.my

9

말레이시아의 주요 이슬람 금융기관

말레이시아에서 이슬람금융을 취급하는 이슬람 금융기관으로는 전통은행의 이슬람 창구, 이슬람 전업은행, 이슬람 투자은행, 국제 이슬람은행, 타카풀회사 등이 있다. 여기에서는 말레이시아 중앙은행의 홈페이지 자료를 중심으로 어떠한 이슬람은행과 타카풀회사가 있는지 살펴보기로 한다. 각 회사에 대한 상세한 정보는 말레이시아 중앙은행 홈페이지 또는 각 기업의 홈페이지를 통해 얻을 수 있다.

말레이시아의 주요 이슬람 금융기관은 이슬람은행, 국제 이슬람은행, 타카풀(보험회사), 상업은행의 이슬람 창구가 있다.

이슬람 전업은행

2009년 2월 말 현재 17개의 이슬람은행이 있다. 이 중 5개를 외국계 자본이 소유하고 있다.

2009년 2월 현재 기준

No	은행명	자본 구분
1	Affin Islamic Bank Berhad	L (국내)
2	Al Rajhi Banking & Investment Corporation (Malaysia) Berhad	F (외국)
3	Alliance Islamic Bank Berhad	L
4	AmIslamic Bank Berhad	L
5	Asian Finance Bank Berhad	F
6	Bank Islam Malaysia Berhad	L
7	Bank Muamalat Malaysia Berhad	L
8	CIMB Islamic Bank Berhad	L
9	EONCAP Islamic Bank Berhad	L
10	Hong Leong Islamic Bank Berhad	L
11	HSBC Amanah Malaysia Berhad	F
12	Kuwait Finance House (Malaysia) Berhad	F
13	Maybank Islamic Berhad	L
14	OCBC Al-Amin Bank Berhad	F
15	Public Islamic Bank Berhad	L
16	RHB Islamic Bank Berhad	L
17	Standard Chartered Saadiq Berhad	F

자료: www.bnm.gov.my/

이슬람 투자은행

이슬람 투자은행		

2009년 2월 현재 기준

No	은행명	자본 구분
1	Affin Investment Bank Berhad	L
2	Alliance Investment Bank Berhad	L
3	AmInvestment Bank Berhad	L
4	Aseambankers Malaysia Berhad	L
5	CIMB Investment Bank Berhad	L
6	ECM Libra Investment Bank Berhad	L
7	Hwang-DBS Investment Bank Berhad	L
8	KAF Investment Bank Berhad	L
9	Kenanga Investment Bank Berhad	L
10	MIDF Amanah Investment Bank Berhad	L
11	MIMB Investment Bank Berhad	L
12	OSK Investment Bank Berhad	F
13	Public Investment Bank Berhad	L
14	RHB Investment Bank Berhad	L
15	Southern Investment Bank Berhad	L

자료: www.bnm.gov.my/

국제 이슬람은행

2009년 1월 말 현재 2개의 국제 이슬람은행(International Islamic Bank)이 있다.

국제 이슬람은행		
No	은행명	자본 구분
1	PT. Bank Syariah Muamalat Indonesia, Tbk	F
2	Unicorn International Islamic Bank Malaysia Berhad	F

자료:www.bnm.gov.my/

보험회사

1) 타카풀회사(이슬람 보험사)

1984년, 샤리아 원칙에서 벗어나지 않으면서 자연재해 및 돌발 참사를 대비한 보호막이 되어줄 보험의 개발을 위해 '타카풀 법안' (Takaful Act) 이 통과되었다.

타카풀회사 (이슬람 보험사)		
		2009년 2월 현재 기준
No	회사명	자본 구분
1	CIMB Aviva Takaful Berhad	L
2	Etiqa Takaful Berhad	L
3	Hong Leong Tokio Marine Takaful Berhad	L
4	HSBC Amanah Takaful (Malaysia) Sdn. Bhd.	L
5	MAA Takaful Berhad	L
6	Prudential BSN Takaful Berhad	L
7	Syarikat Takaful Malaysia Berhad	L
8	Takaful Ikhlas Sdn. Bhd.	L

자료: www.bnm.gov.my/

또한 같은 해 11월에는 상업적인 성격을 띄면서 샤리아를 따르는 말레이시아의 첫 이슬람 보험회사이자 BIMB의 자회사인 샤리아 타카풀 말레이시아(Syarikat Takaful Malaysia Sendirian Berhad)가 설립되었다. 이후 1993년 11월 두 번째 타카풀회사인 타카풀 내셔널(Takaful National), 그리고 2002년 7월에 메이은행 계열의 메이반 타카풀(Mayban Takaful)이 설립되어 보험시장의 선두주자로서 활발한 활동을 펼치고 있다.

2) 재타카풀회사[4]

No	회사명	자본 구분
	재타카풀회사	
1	ACR Retakaful SEA Berhad	L
2	MNRB Retakaful Berhad Munchener Ruckversicherungs–Gesellschaft (Munich Re Retakaful)	L
3	Unicorn International Islamic Bank Malaysia Berhad	F

자료: www.bnm.gov.my/

---

4 재타카풀회사는 전통보험의 재보험회사에 해당한다.

10
샤리아 자문위원회

말레이시아는 각 이슬람 금융기관별로 SC(Shariah Committee)라는 샤리아위원회를 두고 있으며, 감독 당국인 중앙은행과 증권위원회에 샤리아 자문위원회(Shariah Advisory Council, SAC)란 샤리아위원회를 설치하고 있다. 중앙은행과 증권위원회의 샤리아 위원은 개별 금융기관의 샤리아 위원을 겸직할 수 없다.

이슬람금융과 타카풀 부문 뿐만 아니라 이슬람 자본시장(ICM)에 기여를 하고 있는 중앙은행과 증권위원회의 샤리아 자문위원회 명단을 살펴보기로 하자.

중앙은행과 증권위원회의 샤리아 자문위원회 결정 사항은 샤리아 심사사례집(Shariah Resolution Book)으로 발간되어 이슬람금융 상품 개발에 활용되고 있다. 아래 도표는 이슬람금융 선진국인 말레이시아의 이슬람금융을 이끌고 있는 샤리아 자문위원회의 명단이다.

중앙은행(BNM) 샤리아 자문위원회

이슬람은행과 타카풀 사업 또는 중앙은행에 의해 관리되는 지역
의 이슬람금융과 관련된 문제에 조언을 한다.

증권위원회(SC) 샤리아 자문위원회

이슬람 자본시장(ICM)에 관련된 문제에 조언을 한다.

샤리아 자문위원회	
말레이시아 중앙은행 (2008~2010)	말레이시아 증권위원회 (2008~2010)
• Y.A.A. Tun Abdul Hamid Haji Mohamad	• Y. Bhg.[5] Tan Sri Sheikh Ghazali Hj Abdul Rahman − Chairman
• Y. Bhg. Tan Sri Datuk Sheikh Ghazali Abdul Rahman	• Y. Bhg. Tun Dato' Seri Abdul Hamid Haji Mohamad
• Y. Bhg. S.S. Dato' Haji Hassan Haji Ahmad	• Y. Bhg. Datuk Hj. Md Hashim bin Hj. Yahaya
• Y. Bhg. Datuk Haji Md. Hashim Haji Yahaya	• Y. Bhg. S.S. Dato' Haji Hassan Hj Ahmad
• Y. Bhg. Dato' Dr. Abdul Halim Ismail	• Y. Bhg. Dato' Dr. Abdul Halim Ismail
• Y. Bhg. Dato' Wan Mohamad Dato' Sheikh Abdul Aziz	• Y. Bhg. Prof. Dr. Abdul Samat bin Musa
• Y. Bhg. Dr. Mohd Daud Bakar	• Y. Bhg. Dr. Muhammad Daud Bakar
• Y. Bhg. Assoc. Prof. Dr. Engku Rabiah Adawiah Engku Ali	• Y. Bhg Prof. Madya Dr. Abdul Halim Muhammad
• Y. Bhg. Dr. Muhammad Syafii Antonio	• Y. Bhg. Assoc. Prof Dr. Isma−ae Alee
• Y. Bhg. Dr. Mohamad Akram Laldin	• Y. Bhg. Prof. Madya Dr. Shamsiah Mohamad

자료: 말레이시아 중앙은행 및 증권위원회 홈페이지

---

5   Y.Bhg는 Yang Berbahagia(양 버바하지아)의 약자로 the Honorable의 의미이다. 고위 관
     직 앞에 붙이는 경우가 많다.

11
이슬람금융 전문 인재 육성

말레이시아는 2004년 이후 이슬람금융 전문 인재의 육성을 위해 다양한 교육기관을 설립하고 주요 대학에서도 이슬람금융 프로그램을 운영하고 있다. 먼저, 말레이시아에서 설립한 주요 이슬람금융 교육기관은 다음과 같다.

· Islamic Banking and Finance Institute Malaysia(IBFIM)

· International Centre for Leadership in Finance(ICLIF)

· International Centre for Education in Islamic Finance (INCEIF)

· Securities Industry Development Corporation(SIDC)

· International Shariah Research Academy for Islamic Finance(ISRA)

그리고 이슬람금융 또는 프로그램을 운영하는 대학은 다음과 같다.

- International Islamic University Malaysia(IIUM)
- Universiti Utara Malaysia(UUM)
- Universiti Malaysia Sabah(UMS)
- Universiti Teknologi MARA(UTM)
- Universiti Darul Iman Malaysia(UDM)
- Universiti Sains Islam Malaysia(USIM)

각 기관 중 이슬람금융 국제 교육센터(INCEIF)는 일반인 및 학생을 대상으로 이슬람금융 자격증(CIFP) 과정과 석사 및 박사 과정을 운영하고 있다.

이슬람 금융연수원(IBFIM)과 증권개발공사(SIDC) 등은 금융기관 종사자를 대상으로 이슬람금융 자격증(IFP 등) 및 업무 연수 과정을 운영하고 있다.

이슬람금융이 빠른 성장을 하면서 이슬람금융 인력 부족 현상은 더욱 심해지고 있다. 이러한 점에서 말레이시아가 대학과 연계하여 체계적으로 이슬람금융 인재를 육성하고 있는 것은 시사하는 바가 크다고 본다.

이슬람금융 국제 교육센터(INCEIF)와 이슬람 금융연수원(IBFIM)에 대해서는 제7장에서 좀 더 상세히 살펴보기로 한다.

이슬람금융 주변 산업:
이슬람금융 우리가 지휘한다

ISLAMIC
FINANCE

이슬람금융이 발전하면서 관련 사업과 산업도 성장하고 있다. 그 중에서 가장 대표적인 것으로 샤리아 적격에 대한 해석을 하고 샤리아 적격인 금융상품을 만드는 데 조언을 하는 샤리아 컨설팅회사의 등장을 들 수 있다. 이 밖에 샤리아 관련 법률 자문회사, 이슬람금융 전문 인재 육성기관 등이 있다. 이 장에서는 이와 같은 이슬람금융 주변 산업에 대해 알아보자.

1

샤리아 전문 컨설팅회사

이슬람 금융기관들이 이슬람 금융상품을 개발하기 위해서는 샤리아 학자 또는 보통 3~5명의 샤리아 학자로 구성되는 샤리아위원회를 통해 해당 이슬람 금융상품의 샤리아 적격성을 인정받아야 한다. 즉 샤리아위원회가 상품 개발에서 최종 승인에 이르기까지 율법적인 측면에서 금융회사를 자문·감독하는 역할을 하는 것이다. 금융기관별로 사내에 샤리아위원회를 설치하거나 외부의 샤리아 컨설팅회사의 자문을 받게 된다.

내부의 샤리아위원회든 외부의 샤리아 컨설팅회사든 샤리아 위원이 되는 샤리아 학자를 필요로 한다. 그런데 샤리아 학자가 되기 위해서는 샤리아에 대한 지식은 물론이고 금융, 법률, 영어 등에 대해 고도의 지식을 겸비할 필요가 있다.

그런데 이러한 조건을 충족시키고 있는 샤리아 학자는 세계적으로 수십 명에 지나지 않아 만성적인 인재 부족이라고 할 수 있다.

중동 지역 유력 경제지 《미드(MEED)》 등은 유력한 샤리아 학자와 샤리아 컨설팅회사의 랭킹을 발표하고 있다. 여기서는 각 자료 등을 토대로 세계적으로 활발하게 활동하고 있는 샤리아 전문 컨설팅회사를 살펴보기로 한다.

먼저 야사르(Yasaar) 사이다. 이 회사는 영국을 기반으로 활동하고 있으며 FTSE 사가 이슬람 주가지수를 산정할 때 샤리아 적격 심사를 담당하였다. 2008년 다이와 투자신탁이 일본 주식 대상 이슬람 인덱스펀드를 출시할 때도 샤리아 적격 심사를 담당한 바 있다.

레이팅스 인텔리전스 파트너스(Ratings Intelligence Partners) 사는 쿠웨이트를 중심으로 활동하며 S&P 사가 이슬람 주가지수를 산정할 때 샤리아 적격 심사를 담당하였다. 2007년 동경증권거래소와 S&P가 일본 주식을 대상으로 한 이슬람 주가지수를 산정할 때 샤리아 적격 심사를 담당하였다.

현재 우리나라의 한국거래소도 S&P와 공동으로 이슬람 주가지수를 개발하고 있는 것으로 알려지고 있는데, 그렇다면 샤리아 적격 심사는 레이팅스 인텔리전스 사가 담당할 가능성이 높다. 그리고

주요 샤리아 전문 컨설팅회사	
회사명	주요 거점
Ratings Intelligence Partners	쿠웨이트
International Institute of Islamic Finance, Inc.	말레이시아
Yasaar	영국

자료: 아마니(www.amanie.com)

IIIF(International Institute of Islamic Finance Inc.) 사는 무함마드 다우드 바카 박사가 이끌고 있는 말레이시아의 샤리아 컨설팅회사이다.

지금까지 샤리아 컨설팅회사에 대해서 알아보았다. 그렇다면 이슬람금융이 도입된 국가들의 샤리아위원회는 실제 어떻게 운영되고 있을까? 이슬람 금융기관 회계 및 감사기구(AAOIFI) 등 이슬람금융 관련 국제기관들을 중심으로 표준화 작업을 진행하고 있으나 국가별로 다른 양상을 보이고 있다.

우선 샤리아위원회의 명칭에 대해서도 Shariah Supervisiory Board, Shariah Board, Shariah Committee 등으로 다양하다. 이슬람금융 시스템만이 도입된 이란, 수단, 파키스탄(일시적) 등에서는 샤리아 법정이 금융 문제에 깊게 관여한다. 반면, 전통금융과 이슬람금융을 동시에 채택하고 있는 국가는 정부 차원에서 샤리아위원회를 설치한 경우도 있고, 금융기관 차원의 샤리아위원회만을 설치한 곳도 있다.

전자의 경우는 UAE, 바레인, 말레이시아 등으로 감독 당국(정부 또는 중앙은행) 차원에서 샤리아위원회를 설치하고 있다. 후자의 경우는 쿠웨이트, 카타르 등으로 각 금융기관 차원에서 샤리아위원회를 설치하고 있다.

한편 이슬람금융이 활성화되지 않은 일본에서는 2006년 일본국제 협력은행(JBIC)과 말레이시아, 파키스탄, 사우디아라비아의 율법학자를 샤리아 위원으로 하여 샤리아위원회(Shariah Advisory Group)를 설치하였다. 영문 명칭을 샤리아 '그룹'으로 한 것은 일본국제 협력은행이 전통 금융기관에 해당하는 점 등을 고려한 것으로 보인다.

주요 국가의 샤리아위원회 설치 현황을 살펴보면 다음과 같다.

주요국의 샤리아위원회 개요				
국가명	샤리아위원회		최종 판단	제한 등
	중앙은행	각 금융기관		
말레이시아	NSAC(National Shariah Advisory Council)	SC(Shariah Committee)	NSAC	①NSAC의 멤버는 SC의 멤버가 될 수 없다. ②SA(Shariah Advisor)는 동종의 부문(은행.보험)에 있어 하나의 SC에만 참가할 수 있다.
파키스탄	SB(Shariah Board)	SA(Shariah Advisor)	SB	①SB의 멤버는 금융기관의 SA가 되는 것이 가능하다 ②SA는 부문에 관계없이 하나의 금융기관의 SA만 취임할 수 있다.
쿠웨이트		SSB(Shariah Supervisory Board)	SSB	①특별한 제한이 없다. ②분쟁이 발생한 경우 이슬람부(Ministry of Awqaf and Islamic Affairs)의 파트와위원회(Fatwa Board)의 판단에 따름
UAE	HSA(Higher Shariah Authority)	SSA(Shariah Supervision Authority)	HSA	특별한 제한은 없다.
바레인	NSB(National Shariah Board)	SSC(Shariah Supervisory Committee)	NSB	특별한 제한은 없다.
카타르		SSB(Shariah Supervisory Board)		특별한 제한은 없다.

자료: Dr. Aznan Bin Hasan 〈Optimal Shariah Governance In Islamic Finance〉, 말레이시아 중앙은행 홈페이지.

2

이슬람금융 문제에 대처 가능한 법률회사

최근의 금융 거래는 그 내용이 매우 복잡하고 까다로운 경우가 많아 은행, 증권회사, 투자신탁회사, 투자은행, 기타 금융기관들은 영업활동, 자금조달 등 금융 업무 전반에 관하여 법률회사나 변호사의 자문을 받는 것이 일반적이다. 외국기업이 관련된 금융 거래나 외국 자본시장에서의 증권 발행, 역외펀드 성립, 프로젝트 금융, 선박금융 등에 있어서 법률 자문의 필요성은 두 말 할 여지가 없다.

전 세계적으로 이슬람금융이 발전하면서 이슬람금융 관련 법률 서비스의 수요도 증가하고 있는 추세이다. 그러나 이슬람금융에 대해 조언이 가능한 샤리아 학자가 절대적으로 부족한 것과 마찬가지로 이슬람금융 거래에 대해 법률적인 자문이 가능한 변호사나 법률회사도 부족한 편이다.

1~2년 전부터 우리나라에서도 대형 법률회사를 중심으로 이슬람

이슬람금융 자문 가능 주요 법률회사		
회사명	주요 거점	홈페이지
Al Jadaan	사우디아라비아	www.aljadaan.com
Al Sarraf AlRuwayeh	쿠웨이트	www.asarlegal.com
Al Tamimi & Company	UAE	www.tamimi.com
Allen & Overy	International	www.allenovery.com
Baker & McKenzie	바레인	www.bakermckenzie.com
Berwin Leighton Paisner	영국	www.blplaw.com
Clifford Chance	International	www.cliffordchance.com
Clyde & Co	UAE	www.clydeco.com
Dechert LLP	International	www.dechert.com
Denton Wilde Sapte	International	www.dentonwildesapte.com
DLA Piper	International	www.dlapiper.com
Gibson, Dunn & Crutcher	International	www.gibsondunn.com
Herbert Smith	International	www.herbertsmith.com
King & Spalding	미국	www.kslaw.com
Lovells	영국	www.lovells.com
Murtha Cullina LLP	미국	www.murthlaw.com
Norton Rose	International	www.nortonrose.com
Qays H. Zubi	바레인	www.qayszubilaw.com
Simmons & Simmons	International	www.simmons-simmons.com
Trowers & Hamlins	영국	www.trowers.com
Vinson & Elkins LLP	International	www.velaw.com
White & Case	International	www.whitecase.com
Zaid Ibrahim & Co	말레이시아	www.zaidibrahim.com

자료: 요시다에츠아키, 《이슬람금융입문》, 동양경제신보사, P166 일부 참조

금융 전문가를 채용하고 있는 것으로 알려지고 있다. 일본에서는 2008년부터 니시무라 아사히 법률사무소가 이슬람금융과 일본법 상의 논점 등의 세미나를 개최하고 있다. 나가시마 오노 츠네마츠 법률사무소는 〈일본의 법과 이슬람금융〉 등의 논문을 발표하는 등 법률회사들도 이슬람금융에 대한 준비를 하고 있다.

또한 이온크레디트와 토요타캐피털의 수쿡 발행, 토쿄해상화재 그룹의 타카풀 진출, 사우디아라비아의 이반 자르(Ibn zahr) 프로젝트의 이슬람금융 대주단에 일본의 미즈호은행과 스미토모은행의 참가 등으로 이슬람금융에 대한 법률적인 경험이 축적되어 있다.

3

이슬람금융 정보제공회사

블룸버그 등 자본시장에서 발생하는 각종 금융 정보를 실시간으로 제공하는 서비스 회사는 많다. 그러나 우리나라와 같이 이슬람금융이 활성화되어 있지 않은 나라에서 이슬람금융 정보를 얻기는 쉽지 않다. 여기에서는 이슬람금융 전문 잡지, 이슬람 투자펀드 정보제공회사 등 이슬람금융에 대한 정보를 얻을 수 있는 회사들을 소개하기로 한다.

이슬라믹 파이낸스 뉴스

이슬라믹 파이낸스 뉴스(Islamic Finance News)는 이슬람금융 관련 출판, 정보, 교육 전문회사인 레드머니(Redmoney) 그룹의 자회사이다. 말레이시아에 본사를 두고 있으며 2004년 이후《이슬라믹 파이낸스》라는 격월간 전문 잡지를 발행하고 있다. 이 잡지는 이슬람금융 전문가들이 많이 애독하는 것으로 알려져 있다.

이 회사는 이슬람금융 관련 로드쇼를 기획하고 이슬람 금융상품에 대한 시상 등을 통해 이슬람금융의 발전에 기여하고 있다. 매년 발표하고 있는 베스트 이슬람은행 결과는 이슬람은행의 평가에 있어 매우 유용한 자료이다. 한편, 이 회사는 2010년 우리나라에서 이슬람금융 교육을 계획하고 있는 것으로 알려지고 있다. 교육 일정이나 내용 등에 대해서는 동사 홈페이지(www.islamicfinancenews.com)에서 확인 가능하다.

이슬라믹 파이낸스 선정 베스트 이슬람은행(2006년)		
Best Islamic Bank		
1st	2nd	3rd
Dubai Islamic Bank – 21%	Kuwait Finance House – 19%	CIMB Islamic – 12%

Category	1st	2nd
Best Islamic Bank – Africa	Albaraka Bank – 32%	Faisal Islamic Bank – 21%
Best Islamic Bank – Bahrain	Bahrain Islamic Bank – 25%	Arcapita – 16%
Best Islamic Bank – Brunei	Bank Islam Brunei Darussalam – 73%	TAIB – 13%
Best Islamic Bank – Egypt	Faisal Islamic Bank – 56%	Egyptian Saudi Finance Bank – 19%
Best Islamic Bank – India	Kotak Mahindra – 37%	Al-Barr Finance House – 25%
Best Islamic Bank – Indonesia	Bank Muamalat Indonesia – 48%	Bank Syariah Mandiri – 26%
Best Islamic Bank – Iran	Bank Saderat Iran – 44%	Bank Melli – 22%
Best Islamic Bank – Jordan	Jordan Islamic Bank – 53%	Islamic International Arab Bank – 35%
Best Islamic Bank – Kuwait	Kuwait Finance House – 76%	Boubyan Bank – 13%
Best Islamic Bank – Malaysia	Kuwait Finance House Malaysia – 29%	CIMB Islamic – 23%

자야

자야(Zawya)는 두바이에 본사를 두고 있는 중동 비즈니스 정보제공회사이다. 레바논, 쿠웨이트, 말레이시아, 싱가포르에 사무소가 있으며 중동 지역 약 1만 개 기업에 대한 정보를 약 22만 명의 고객에게 제공하고 있다. 이슬람금융 등 중동 비즈니스에 관한 자료는 동사 홈페이지(www.zawya.com)에서 검색 가능하다.

IFIS

IFIS(Islamic Finance Information Service)는 유로머니 인스티튜서널 투자회사(Euromoney Institutional Investor Company)가 제공하는 온라인 포털 서비스이다. 이 서비스에는 수쿡 정보, 이슬람펀드 데이터베이스, 신디케이트론, 이슬람금융에 대한 법률회사의 데이터 베이스 등이 포함되어 있다. 상세한 자료는 동사 홈페이지(www.securities.com/ifis/)에서 검색 가능하다.

파일라카

파일라카(Failaka)는 1996년에 설립된 이슬람 투자펀드 조사회사이다. 이 회사는 1996년 이후 매년 《파일라카 이슬라믹 펀드 리포트》를 출간하고, 최고의 실적을 올린 운영사나 펀드에 대해 시상을 하고 있다. 이 밖에도 파일라카는 펀드매니저, 은행, 조사회사 등 이슬람 투자시장 관계자에게 자문 서비스를 제공하고 있다. 이 서비스에는 이슬람 투자펀드에 대한 평가, 시장조사, 업무사례 개발 등이 포함된다. 상세한 자료는 동사 홈페이지(www.failaka.com)에서 검색할 수 있다.

유레카헤지

유레카헤지(Eurekahedge)는 투자펀드 관련 정보제공회사이다. 동사는 2만 1000개 이상의 펀드에 대한 자료를 보유하고 있다. 이러한 자료를 바탕으로 매년 이슬람 투자펀드에 대한 평가 및 시상을 하고 있다. 연도별 우수 이슬람 투자펀드 등에 대한 자료는 동사 홈페이지 (www.eurekahedge.com)에서 검색할 수 있다.

유레카헤지 선정 우수 이슬람 투자펀드

Top 10 Islamic Funds by Key Performance Statistics

EUREKAHEDGE   EUREKAHEDGE

	Fund	Fund Manager	2007 Returns	Fund Domicile
		Ranked by 2007 Returns		
1	Amanah GCC Equity Fund	Saudi British Bank	81.68	Saudi Arabia
2	Amanah Saudi Industrial Fund	Saudi British Bank	81.23	Saudi Arabia
3	GCC Al-Raed Fund	Samba	79.87	Saudi Arabia
4	Al Rajhi Local Shares Fund	Al Rajhi Banking & Investment Corporation	78.98	Saudi Arabia
5	Bakheet Saudi Trading Equity Fund	Bakheet Investment Group	73.87	Saudi Arabia
6	Al Fursan Fund	Banque Saudi Fransi	69.15	Saudi Arabia
7	Al Rajhi GCC Equity Fund	Al Rajhi Banking & Investment Corporation	64.36	Saudi Arabia
8	Gulf Industrial Companies Fund	The Saudi Investment Bank	62.91	Saudi Arabia
9	TRIM Syariah Saham	PT Trimegah Securities	62.54	Indonesia
10	Jadwa Saudi Equity Fund	Jadwa Investment	61.39	Saudi Arabia
	Eurekahedge Islamic Fund Index		19.76	

미드

미드(MEED)는 1957년 설립된 이후 중동에 대한 비즈니스 정보를 제공하고 있다. 두바이와 런던에 사무소를 두고 있으며 70개국 이상에 정보를 제공하고 있다. 샤리아 학자에 대한 평가 등 이슬람금융에 대한 정보를 동사 홈페이지(www.meed.com)에서 검색할 수 있다.

4
신용평가회사

국제 금융시장에서 무디스(Moody's)와 S&P 그리고 영국의 피치
(Fitch)와 같은 신용평가회사는 막강한 힘을 갖고 있다. 이들 신용평
가회사들은 이슬람 금융기관과 금융상품에 대해서도 평가를 하고
있다. 그러나 보다 독립적인 이슬람 금융기관 및 이슬람 금융상품에
대한 평가를 위해 2005년 국제 이슬람 평가기관인 IIRA(International
Islamic Rating Agency)가 설립되었다. 이 국제 이슬람 평가기관은 주로
이슬람 금융기관의 평가와 관련된 업무를 하고 있다.

한편 이슬람채권 등 이슬람 금융상품을 개발하기 위해서는 대상
기업 및 상품에 대한 평가가 필요하다. 이슬람 신용평가회사가 이러
한 역할을 담당하는데 말레이시아의 MARC와 RAM이 대표적이다.
말레이시아는 2006년의 경우 전세계 이슬람채권 발의 약 55.6%를
차지할 정도로 이슬람 자본시장을 주도하고 있다.

이와 같은 배경으로 인해 우리 기업들은 향후 이슬람채권 발행지로 말레이시아를 많이 고려하고 있는 것으로 알려져 있다. 그런데 말레이시아에서 이슬람채권을 발행하기 위해서는 대상 기업에 대한 MARC나 RAM의 신용평가가 요구되는 경우가 대부분이다. 이러한 점을 고려하여 RAM과 MARC에 대해 간단히 살펴보자.

RAM

RAM(Rating Agency Malaysia Berhad, www.ram.com.my)은 1990년 설립된 말레이시아의 신용평가회사이다. CIMB 등 말레이시아 주요 은행들이 주주로 참여하고 있다. 기업 및 금융상품에 대한 평가 업무를 담당한다. 말레이시아에서 이슬람채권을 발행할 경우 이 회사로부터 대상 상품에 대해서 신용평가를 받게 되는데 가장 대표적인 무샤라카 수쿡에 대한 등급을 살펴보기로 한다. RAM은 무샤라카 수쿡과 관련하여 다음과 같이 장기 8단계, 단기 5단계의 등급을 부여하고 있다.

무샤라카 수쿡에 대한 등급	
Long—Term Ratings	
AAA	A sukuk rated AAA has superior safety for payment of capital and expected returns. This is the highest long—term Issue Rating assigned by RAM Ratings to a partnership—based sukuk.
AA	A sukuk rated AA has high safety for payment of capital and expected returns. The issuer is resilient against adverse changes in circumstances, economic conditions and/or operating environments.
A	A sukuk rated A has adequate safety for payment of capital and expected returns. The issuer is more susceptible to adverse changes in circumstances, economic conditions and/or operating environments than those in higher—rated categories.

BBB	A sukuk rated BBB has moderate safety for payment of capital and expected returns. The issuer is more likely to be weakened by adverse changes in circumstances, economic conditions and/or operating environments than those in higher-rated categories. This is the lowest investment-grade category.
BB	A sukuk rated BB has low safety for payment of capital and expected returns. The issuer is highly vulnerable to adverse changes in circumstances, economic conditions and/or operating environments.
B	A sukuk rated B has very low safety for payment of capital and expected returns. The issuer has a limited ability to withstand adverse changes in circumstances, economic conditions and/or operating environments.
C	A sukuk rated C has a high likelihood of not meeting the payment of capital and expected returns. The issuer is highly dependent on favourable changes in circumstances, economic conditions and/or operating environments, the lack of which would likely result in it not fulfilling the terms of the investment contract.
D	A sukuk rated D is either currently not meeting or will not meet the payment of capital and expected returns. The D rating may also reflect a distressed exchange, the filing of bankruptcy and/or other actions pertaining to the issuer that could jeopardise the fulfilment of the investment contract's terms.

Short-Term Ratings

P1	A sukuk rated P1 has high safety for payment of capital and expected returns in the short term. This is the highest short-term Issue Rating assigned by RAM Ratings a partnership-based sukuk.
P2	A sukuk rated P2 has adequate safety for payment of capital and expected returns in the short term. The issuer is more susceptible to the effects of deteriorating circumstances than those in the highest-rated category.
P3	A sukuk rated P3 has moderate safety for payment of capital and expected returns in the short term. The issuer is more likely to be weakened by the effects of deteriorating circumstances than those in higher-rated categories. This is the lowest investment-grade category.
NP	A sukuk rated NP has doubtful safety for payment of capital and expected returns in the short term. The issuer faces major uncertainties that could compromise its capacity for fulfiling the terms of the investment contract.
D	A sukuk rated D is either currently not meeting or will not meet the payment of capital and expected returns. The D rating may also reflect a distressed exchange, the filing of bankruptcy and/or other actions pertaining to the issuer that could jeopardise the fulfilment of the investment contract's terms.

자료: www.ram.com.my

MARC

MARC(Malaysian Rating Corporation Berhad, www.marc.com.my)는 1995년 설립된 말레이시아 신용평가회사이다. 이슬람 금융기관, 기업 및 금융상품에 대한 평가 업무를 담당한다. 이 중에서 이슬람 자본시장 기관평가(Islamic Capital Market Instrument Ratings)의 평가 내용을 보면 다음과 같다.

이슬람 자본시장 기관평가

ISLAMIC CAPITAL MARKET INSTRUMENT RATINGS

LONG-TERM RATINGS	
MARC's Long-Term Ratings are assigned to Islamic capital market instruments with maturities of more than one year. These ratings specifically assess the likelihood of timely payment of the instrument issued under the various Islamic financing contract(s).	
INVESTMENT GRADE	
AAA_{ID}	Extremely strong ability to make payment on the instrument issued under the Islamic financing contract(s).
AA_{ID}	Very strong ability to make payment on the instrument issued under the Islamic financing contract(s). Risk is slight with degree of certainty for timely payment marginally lower than for instruments accorded the highest rating.
A_{ID}	Strong ability to make payment on the instrument issued under the Islamic financing contract(s). However, risks are greater in periods of business and economic stress than for instruments with higher ratings.
BBB_{ID}	Adequate ability to make payment on the instrument issued under the Islamic financing contract(s). Vulnerable to moderately adverse developments, both internal and external.
NON-INVESTMENT GRADE	
BB_{ID}	Uncertainties exist that could affect the ability of the issuer to make payment on the instrument issued under the Islamic financing contract(s).
B_{ID}	Significant uncertainty exists as to timely payment on the instrument issued under the Islamic financing contract(s). Slight adverse developments could impair issuer's ability to fulfil such obligation.
C_{ID}	Possesses a substantial risk of default, with little capacity to address further negative changes in financial circumstances.
D_{ID}	Failed to make scheduled payment on the instrument issued under the Islamic financing contract(s).

Notes : Long-Term Ratings from AA to B may be modified by the addition of a plus (+) or minus (-) suffix to show relative standing within the major rating categories. Bank-guaranteed issues will carry a suffix (bg), corporate-guaranteed issues, a (cg), issues guaranteed by a financial guarantee insurer (FGI), an (fg), and all other supports, an (s) when such guarantees or supports give favourable effect to the assigned rating.

SHORT-TERM RATINGS	
MARC's Short-Term Ratings are assigned to Islamic capital market instruments with original maturities of one year or less, and are intended to assess the likelihood of timely payment of the instrument issued under the various Islamic financing contract(s).	
INVESTMENT GRADE	
$MARC\text{-}1_{ID}$	Extremely strong capacity to make timely payment on the instrument issued under the Islamic financing contract(s).
$MARC\text{-}2_{ID}$	Strong capacity to make timely payment on the instrument issued under the Islamic financing contract(s). Timeliness of payment is slightly susceptible to adverse changes in operating circumstances and economic conditions.
$MARC\text{-}3_{ID}$	Adequate capacity to make timely payment on the instrument issued under the Islamic financing contract(s). Moderately adverse changes in operating environment and economic conditions may weaken financial capacity to fulfil such obligation.

NON-INVESTMENT GRADE	
MARC-4$_{ID}$	Vulnerable to non-payment of instrument issued under the Islamic financing contract(s). Capacity to make payment on the instrument is dependent upon favourable business, financial and economic conditions.
D$_{ID}$	Failed to make scheduled payment on the instrument issued under the Islamic financing contract(s).

Notes : *Short-Term Ratings will also carry a suffix (bg) for bank-guaranteed issues, (cg) for corporate-guaranteed issues, (fg) for FGI-guaranteed issues, and (s) for all other supports when such guarantees or supports give favourable effect to the assigned rating.*

Subscript 'ID' for Long-Term and Short-Term Ratings denotes **Islamic Private Debt Security.**

Rating Outlook

MARC'S Rating Outlook assesses the potential direction of the Islamic Capital Market Instrument Rating over the intermediate term (typically over a one to two-year period). The Rating Outlook may either be :

POSITIVE	which indicates that a rating may be raised;
NEGATIVE	which indicates that a rating may be lowered;
STABLE	which indicates that a rating is likely to remain unchanged; or
DEVELOPING	which indicates that a rating may be raised, lowered or remain unchanged.

자료: www.marc.com.my

5
이슬람금융 전문가 양성기관

　이슬람금융이 성장하면서 이슬람금융 인력 부족 현상이 나타나고 있다. 무슬림 고객들이 글로벌 투자에 눈을 뜨면서 샤리아에 정통하고 세계 금융시장의 흐름을 잘 읽는 직원들과 상담하고 싶어하지만 그런 인재가 부족하다는 것이다.

　컨설팅회사인 AT커니는 2007년 보고서에서 향후 10년간 사우디아라비아 등 걸프협력협의회(GCC) 소속 6개국에서만 최소 3만 명의 이슬람금융 인력이 필요할 것으로 전망하기도 했다. 인력 수요가 급증하자 영국, 말레이시아, 두바이 등 지역 내 '이슬람금융 허브'를 표방하고 있는 국가들은 인적 자원 양성에 발벗고 나섰다.

　영국에서는 민간 기관인 증권·투자연구소(SII)가 2006년 11월부터 세계에서 처음으로 이슬람금융 자격증 시험을 도입했다. 1991년 문을 연 런던의 이슬람은행·보험연구소(IIBI)는 이슬람금융 석사 과정을 운영하고 있다. 말레이시아 정부는 국제금융 리더십센터(ICLIF), 이슬람 금융연수원(IBFIM),이슬람금융 국제 교육센터(INCEIF) 등 기관을 2004년부터 잇달아 설립했다.

주요 이슬람금융 교육기관		
국가	기관	특징
영국	이슬람은행 보험연구소(IIBI)	이슬람금융 석사 과정 운영 53개국 1100여 명의 전문가 배출
	증권 투자연구소(SII)	세계 최초 이슬람금융 자격증 도입 이슬람율법 등 9개 강좌 개설
말레이시아	이슬람 금융연수원(IBFIM)	은행, 보험 등 금융회사 실무 담당자 교육 23개 교육 과정 개설
	이슬람금융 국제 교육센터 (INCEIF)	이슬람금융 석사,박사 과정
일본	와세다대학	대학원에 이슬람금융 과목 개설
바레인	이슬람금융 연구센터	금융회사, 투자회사 등의 회계사, 감사 교육

자료: 〈급부상하는 이슬람금융, 몸값 치솟는 전문가〉,한국경제신문, 2007.2.1일자 기사 중 일부 발췌.

이슬람금융 국제 교육센터

이슬람금융 국제 교육센터(International Centre for Education in Islamic Finance, INCEIF)는 세계 이슬람금융 산업 발전을 위해 말레이시아 중앙은행이 2006년에 설립한 교육기관이다. 현재 이슬람금융 전문 자격증인 CIFP를 중심으로 석사 및 박사 학위 과정 운영을 통해 세계 최고의 이슬람금융 전문가 육성을 목표로 운영되고 있다. 우리나라에서는 경희대학과 2009년 1월 교육 프로그램 제공 관련 협약을 체결한 바 있다.

자료: www.inceif.org

이슬람 금융연수원

이슬람 금융연수원(Islamic Banking and Finance Institute Malaysia, IBFIM)은 이슬람금융 산업 발전을 위해 말레이시아의 이슬람 전업은 행들의 출자로 2001년에 설립되었다. 설립 이후 이슬람금융 보급을 위해 교육, 재능 개발, 자문과 이슬람금융 컨설팅 및 지식 관리 업무를 담당하고 있다. INCEIF가 일반인을 대상으로 이슬람금융 전문 교육을 실시하는 데 비해, IBFIM은 금융업 종사자 및 경험자를 대상으로 한 이슬람금융 전문 교육을 담당하고 있다.

자료: www.ibfim.com

IBFIM의 주요한 교육 과정은 다음과 같다.

주요 교육 과정

Training and Professionals Development

- **Training programmes**
  - i-Series

- **Structured programmes**
  - Islamic Financial Planner (IFP)
  - Certified Credit Professional-Islamic (CCP-i)
  - Shariah Scholars Induction Program (SiSIP)
  - Islamic Banking Practice Qualification (IBPQ)
  - Takaful Practice Qualification (TPQ)
  - Certificate in Takaful Broking

- **In-house training programme**
- **Training of Trainers programme**

위 과정 중 이슬람 재무설계사(IFP) 과정은 말레이시아에서 이슬람 금융상품 취급자에게 필요한 자격증인 이슬람 재무설계사(IFP)

취득을 위한 과정이다. 이 과정은 IBFIM과 FPAM(Financial Planning Associaation of Malaysia)이 공동으로 개발하였다.

이슬람금융 국제연구원

2008년 3월에 개설한 이슬람금융 국제연구원(International Shariah Research Academy for Islamic Finance, ISRA)은 샤리아와 이슬람금융 부문에서 일어나고 있는 최근의 문제들에 대해 연구를 수행하고 지식을 저장하는 저장소 역할을 담당하고 있다. 또한 ISRA는 샤리아 관련 인적자원을 개발하고 국내외 연구와 세미나 등을 통해 실무자, 학자들이 활동할 장을 마련해 주고 있다.

ISRA 홈페이지

자료: http://isra.my/

이슬람은행 및 보험연구소

1991년 런던에 설립된 이슬람은행 및 보험연구소(Institute of Islamic Banking and Insurance, IIBI)에는 이슬람금융과 보험에 대한 석사 과정, 이슬람금융 학위 과정이 있다. 2010년 6월에는 타카풀 자격증 과정이 개설될 예정이다.

이외에도 다양한 교육 프로그램을 제공하고 세미나를 개최하고 있다. 이슬람금융 교육 관련 상세한 자료는 동사의 홈페이지(www.islamic-banking.com)를 통해 얻을 수 있다.

우리나라의 이슬람금융 도입 현황과 과제

ISLAMIC FINANCE

우리나라에서도 이슬람금융에 대한 관심이 높아지고 있다. 증권회사를 비롯한 금융기관들은 이슬람금융 전담팀을 구성하는 등 준비를 갖추고 있고 정부는 이슬람금융 국제 세미나를 개최하고, 이슬람채권 지원 방안 마련 등 구체적인 대책을 마련하고 있다. 물론 우리나라에서 이슬람금융이 활성화되기 위해서는 해결해야 할 과제가 많은 것도 사실이다. 그러나 이슬람금융은 우리에게 있어 외화자금의 조달 창구로서 뿐만 아니라 자금운용 측면에서도 다양한 이점을 제공할 것이다.

1

우리나라의 이슬람금융 도입 현황

우리나라에서도 이슬람금융에 대한 관심이 높아지고 있다. 2009
년 1월에는 2일간에 걸쳐 서울에서 금융위원회, 금융감독원, 이슬람
금융 서비스위원회(IFSB)가 공동 주최한 이슬람금융 세미나가 개최
되었다.

개회인사를 통해 금융감독원장은 "실물 거래가 수반된 금융만을
허용하는 이슬람금융은 파생금융상품의 무분별한 판매로 인해 빚
어진 오늘날의 글로벌 금융위기 극복에 새 대안이 될 것"이라며 "이
슬람금융의 활성화를 위한 인프라 구축에 주력하겠다"고 말했다.

또한 금감원은 향후 • 비이슬람 국가들의 이슬람금융 도입 모범
사례 • 이슬람 감독 당국의 회계 기준 및 재무 건전성 기준 • 이슬람
금융 윤리 기준인 샤리아 율법 등을 연구하는 한편, 이슬람금융 활
용을 위한 전문 인력 양성, 홍보 강화 등 제반 지원책을 강구해 나갈

예정이라고 하였다.

2009년 서울의 이슬람금융 서비스위원회가 공동 주최한 세미나는 3차 세미나로, 1차는 2007년 1월 일본 도쿄에서, 2차는 2008년 1월 홍콩에서 개최된 바 있다. 두 나라에서는 세미나 개최 후 이슬람금융에 대한 관심이 더욱 높아지고 각 금융기관의 움직임도 활발해지고 있다.

한편 금감원은 2009년 5월 싱가포르 이슬람금융 연차총회(6th Islamic Financial Services Board Summit)에 참석하여 한국설명회를 주관하였다. 이슬람금융 연차총회는 이슬람금융 서비스위원회 주관으

우리 나라 이슬람금융 도입 현황	
기업명	**추진 내용**
신한금융투자	2007. 1 말레이시아 KIBB증권과 전략적 제휴
대우증권	2008. 2 말레이시아 CIMB은행과 전략적 제휴
우리투자증권	2008. 6 말레이시아 현지 사무소 개설
한국투자증권	2007.12 말레이시아 Berjaya Land Berhad와 전략적 제휴
샤리아 파이낸스	2009. 1 INCEIF−경희대학교 간 이슬람금융 교육 MOU체결 2009. 6 말레이시아 아마니와 업무 제휴
한국거래소(KRX)	2009.11 말레이시아 이슬람금융센터(MIFC)와 국제 이슬람금융 컨퍼런스 개최
금융위원회 금융감독원	2009. 1 이슬람금융 서비스위원회(IFSB)와 공동으로 이슬람 금융세미나 개최 2009. 5 싱가포르 이슬람금융 연차총회 참석
기획재정부	2009. 4 이슬람금융 태스크포스팀 구성 2009. 9 이슬람채권 지원 방안 발표
(재)한국혁신전략 연구원	2008. 10 한국 최초로 이슬람금융 국제 세미나 개최

로 연1회 개최되며 이슬람금융 서비스위원회에 가입된 34개 회원국 대표와 관련 기관 등이 참석해 이슬람금융의 현안을 논의하는 자리이다.

이와 같이 우리나라의 금융 당국이 이슬람금융 국제 기관의 행사에 적극 참여하면서 우리나라 금융기관들의 이슬람금융에 대한 행보도 더욱 빨라지고 있다. 한국투자증권은 이슬람금융 전담팀을 구성하여 이슬람금융 유치와 금융상품을 개발하고 있다.

이슬람금융 투자 컨설팅회사인 샤리아 파이낸스(www.shariah-fn.com)는 말레이시아의 샤리아 컨설팅회사인 아마니(www.amanie.com)와 한국 주식을 대상으로 이슬람 주가지수를 개발하고 있다. 또한, 경희대학교 경영대학원은 2009년 우리나라 대학 중 최초로 이슬람금융 과목을 개설한 바 있다. 옆에 있는 표는 이와 같은 우리나라의 이슬람금융 도입 현황을 정리한 것이다.

2

우리나라의 이슬람금융 정책

기획재정부는 2009년 9월 29일 이슬람채권 지원 방안을 발표하였다. 이슬람채권은 이자수수를 금지하는 이슬람 율법을 준수하기 위해 실질적으로 금융 거래가 목적이지만 형식상 실물 거래를 이용하여 발행한다.

이슬람법이 이자 지급을 금지함에 따라 채권 형태를 갖지만 이자를 지급하기보다는 사업 수익을 통한 배당으로 투자자들이 이익을 거두게 하는 것이다. 그런데 현행 국내법상 이러한 방식이 '채권'에 해당하는지 여부가 불명확한 부분이 있다. 이에 따라 이슬람채권에 대한 외화표시 채권이자에 대한 면세 제도 적용 여부가 불명확하다. 또한 이슬람채권은 형식적 자산이전 거래 등이 수반되어 양도세, 부가가치세, 취등록세 등 추가세금 문제가 발생한다.

이슬람채권 지원 방안에서 정부는 가장 대표적인 이자라, 무라바하 수쿡(Murabahah Sukuk)에 대해 전통적 채권과 동등한 세제 혜택을 부여하고, 동일한 발행 절차를 적용할 계획임을 밝혔다.[1]

2009년 9월 29일 기획재정부, '이슬람채권 지원 방안 마련' 보도자료

제목 : 이슬람 채권(Sukuk) 지원방안 마련

◇ 정부는 국내 금융기관 및 기업의 **이슬람 자금도입을 지원**하기 위해 **이슬람 채권 지원방안을 마련하였음**(조세특례제한법 개정안 국회제출, 9.28일)

◇ 국제 금융시장에서 **빠른 속도로 성장**하고 있는 **이슬람 금융시장을 선점**하기 위한 **각국의 노력이 가시화**되고 있는 상황

* 이슬람 채권 발행(억달러) : ('00)3→('02)10→('04)58→('05)76→('06)169→('07)310

○ **말레이시아, UAE**는 **이슬람 금융허브 구축**을 목표로 경쟁중이며, 非이슬람국가인 **영국, 싱가포르** 등도 **관련제도를 정비하고 있음**

○ 반면, 국내에서는 **관련 제도 미비로 발행사례가 없었음**

◇ 정부는 이슬람 금융 국내도입을 제도적으로 지원하기 위해 "**이슬람 금융 활성화 T/F**"를 운영해 왔음('09.3월~)

* 재정부, 금융위, 행안부, 금감원, (자문) 로펌, 금융기관 등

○ 우선, 기업수요가 많은 "**이슬람 채권**" **발행 지원**에 초점을 맞추어 **제도를 개선**하고, 단계적으로 이슬람 금융 제도화를 추진

◇ **이슬람 채권**은 "**이자수수를 금지**"하는 **이슬람 율법**을 준수하기 위해 **실질적으로 금융거래 목적이지만 형식상 실물거래를 이용**하여 발행

○ 현행 국내법상 "**채권**"에 해당하는지 여부가 불명확하여 **외화표시 채권 이자에 대한 면세제도 적용 여부가 불명확**하고,

* 조특법 21조 : 내국법인 등이 발행하는 '외화표시채권' 이자에 대해 소득세·법인세 면제

○ **전통적 채권발행에는 없는 형식적 자산이전 거래** 등이 수반되어 **양도세, 부가가치세, 취·등록세** 등 **추가적인 세금부담**이 발생

* 현행 세법대로 과세시 일반채권에 비해 발행비용(금리)이 연평균 150~340bp 불리

◇ 정부는 가장 대표적인 **이자라, 무라바하 수쿡**에 대해 **전통적 채권과 동등한 세제혜택을 부여**하고, **동일한 발행 절차를 적용할 계획**

① **이자라 수쿡(Ijara Sukuk)** : 증권 인수대금으로 취득한 **자산을 차입자에게 임대**하고 그 **임대수익을 투자자에게 지급**하는 형태의 증권

- **(원천징수 면제)** 내국법인이 특수목적회사(SPV)에 지급하는 **리스료를 이자로 간주**하여 **법인세 원천징수를 면제**하고, 내국법인에 손비처리

─ 이하 생략 ─

1   2009년 9월 29일 기획재정부, '이슬람채권 지원 방안 마련' 보도자료

이번에 발표된 지원 내용은 자본시장법 및 관련 세법을 개정, 국내기관들의 이슬람채권의 원활한 발행을 돕는 것이다. 자본시장과 금융투자업에 관한 법률 개정을 통해 이슬람채권 발행을 위한 법률적 근거 조항을 만들고, 세법 개정을 통해 세제상 걸림돌을 해소하고자 한 것이다.

이에 따라 우선 기업 수요가 많고 상대적으로 제도 정비가 용이한 무다라바(ProjectFinancing)와 이자라(Sales & Lease Back)를 우선 허용하기로 결정하였다. 그러나 관련 법률의 개정안이 아직 국회를 통과하지 못해 구체적인 실시 일정은 분명하지 않다.

이러한 지원 방안과 제도 정비가 완료된 다음에는 이슬람금융의 다른 거래 방식에 대한 검토와 함께 다음과 같은 이슬람금융에 대한 장기적인 정책도 검토되어야 할 것이다.

이슬람금융 활성화를 위해 필요한 정책

① 이슬람 창구 개설
② 이슬람 전업은행 설립
③ 해외 이슬람 금융기관의 한국 내 지점 설립
④ 기존 은행의 이슬람은행 전환
⑤ 은행 업무 이외의 이슬람금융을 제공하는 금융기관 설립

3

이슬람금융 활용 방안

우리나라가 앞으로 급성장하고 있는 이슬람금융을 활용하는 방안을 다음과 같이 생각해 볼 수 있다.

첫째, 이슬람금융이 활성화되어 있는 외국에서 한국계 기업이 이슬람금융을 이용하는 경우이다. 이러한 사례는 별도의 법률이나 제도 변경을 필요로 하지 않으므로 자금조달 비용 면에서 유리하다면 실제 이용에 큰 어려움이 없다. 일본의 이온 크레디트와 토요타 캐피털은 말레이시아 현지법인을 통하여 수쿡을 발행한 바 있다. 다이와 투자신탁은 일본 주식 대상 이슬람 인덱스펀드의 ETF를 싱가포르 시장에 상장하였다.

2009년 말레이시아 증권위원회의 홈페이지를 보면 우리나라의 중소기업은행이 2008년 30억 링기트를, 정유회사인 GS 칼텍스가 2008년 10억 링기트 수쿡 발행 승인을 받은 것으로 나타나 있다. 이렇게 볼 때 우리나라 기업이 외국에서 수쿡 발행 등 이슬람금융을 이용하는 사례가 앞으로는 더 빈번히 발생할 것으로 예상된다.

둘째, 이슬람권 자금을 이슬람금융 방식으로 한국에 투자하는 경우이다. 우리나라의 금융기관이 펀드를 조성하여 이슬람 투자자를 모집하는 경우로 우선 이슬람 부동산펀드, 이슬람 인덱스펀드 등을 생각해 볼 수 있다.

2006년 중국 국제 투자신탁회사가 바레인의 이슬람은행 등으로부터 자금을 모아 '샤밀 차이나 리얼티 모다라바'라는 부동산펀드를 조성한 것과 같은 방식이다. 실제로 카타르의 부동산 투자회사인 카타르 디아르 등은 우리나라 부동산을 투자 대상으로 한 이슬람 부동산펀드의 조성을 검토하고 있는 것으로 알려져 있다.

한편 말레이시아의 아마니 사는 유리자산운용과 공동으로 우리나라 주식을 대상으로 하는 이슬람 인덱스펀드를 준비하고 있다고 한다.

셋째, 중동 각국 등의 프로젝트 파이낸스(Project Finance)에 우리나라 금융기관이 이슬람금융 방식으로 참가하는 경우이다. 이슬람금융과 전통적 금융의 프로젝트 파이낸스는 비교적 유사하고 잘 맞는다. 중동의 프로젝트를 한국계 기업이 수주하는 사례가 많고 우리나라 금융기관에도 좋은 투자처가 될 것이므로 향후 증가가 예상된다. 실제 우리나라에서도 대형 프로젝트에는 프로젝트 파이낸스가 많이 활용되고 있다.

프로젝트 파이낸스는 거액의 자금이 필요하고 실패 위험이 큰 유전·탄광·조선·발전소 등의 사업에 대해 그 수익성을 근거로 실시되는 금융상품이다. 자금을 빌려주는 사람의 입장에서는 해당 사업에서 생겨날 수익이 대출원리금에 대한 채권을 확보하는 근거가 되고, 사업 자체가 채권의 담보가 되므로, 사업을 추진하는 모기업에는 아무런 부담을 주지 않는다.

그런데 프로젝트 파이낸스는 채권자와 채무자의 이익 및 손실은 공유되어야 한다고 하는 이슬람금융의 대전제와 일맥상통하는 점이 크다. 이슬람금융에서는 원금 상환이나 사전 확정 수익의 보장이 없으며, 자금 제공자는 사업자의 파트너로서 사업 수익을 배분받게 되는 것이다.

미국발 서브프라임으로 인한 금융 위기 발생 이후 우리나라의 기업들이 참여하고 있는 국내외 대형 프로젝트들 중 자금 제공 금융기관들의 이탈로 곤란을 겪고 있는 경우가 적지 않다고 한다. 이러한 프로젝트에 이슬람금융 방식을 활용하여 자금 제공자를 찾는 것은 어떨까?

우선, 이슬람금융이 어떻게 프로젝트 파이낸스에 활용되고 있는지 살펴보기로 하자.[2]

프로젝트 파이낸스에 이슬람금융이 제공될 경우에는 이스티스나 계약(건설 기간 중 융자)과 이자라 계약(리스 계약)을 조합시킨 방식이 많이 활용된다. 이스티스나 계약은 건설 기간 중에 필요한 자금을 융통하기 위한 건설(청부) 판매 계약을 말한다.

---

2 〈이슬람채권의 소개, 프로젝트 파이낸스에 이슬람금융의 활용〉, 해외투융자정보재단 주최 이슬람금융 세미나, 2007. 4. 17(www.joi.or.jp_).

이스티스나 계약에서는 이슬람 금융기관이 소정의 금액으로 요건을 갖춘 건설업자(Engineering Procurement Constructor, EPC)에게 설비 등을 발주한다. 이스티스나 계약은 건설 계약이기 때문에 대상 물건이 완공되지 않을 경우 이슬람 금융기관은 수령한 리스료를 전액 환불하여야 한다.

이러한 완공 리스크를 이슬람 금융기관이 회피할 목적으로 최근의 프로젝트 파이낸스 안건에서는 이슬람 금융기관과 엔지니어링 회사 등이 직접 건설 계약을 체결하지 않고, 이슬람 금융기관과 사업 실시자 간에 조달 계약을 체결하고 사업 실시자가 이슬람 금융기관을 대신하여 플랜트 설비 등을 조달하게 된다. 이렇게 하여 플랜트 설비 등이 완공되지 않을 경우 이슬람 금융기관은 조달 계약상의 손해배상(Liquidated Damage)에 의해 리스료 상당액을 보전받게 되어 완공 리스크를 회피할 수 있게 된다.

이상과 같이 이슬람 금융기관이 플랜트 설비 등을 조달하기까지의 생산에 필요한 자금은 이스티스나 계약으로 해결한다. 그 다음 플랜트 설비 등의 소유자인 이슬람 금융기관은 사업 실시자에게 당해 물건을 빌려주게 되는데 여기서부터가 이자라 계약에 상당하는 부분이 된다. 통상의 이자라 계약에서는 계약 시점에서는 리스 대상인 실물 자산이 존재하나, 프로젝트 파이낸스에서는 물건의 완공, 인도 전에 선일자 이자라 계약(Forward Lease Agreement)이 체결되어 완공 전부터 리스료가 발생하는 경우도 많다.

이자라 계약에서는 대체로 이슬람 금융기관이 리스 대상 자산을 소유하게 된다. 여기에 사업 실시자가 융자금을 조기 상환할 경우를 대비하여 매각 계약(Sales Undertaking)이 체결된다. 이것은 사업 실시자에게 대상 물건을 그 소유자인 이슬람 금융기관으로부터 매수할 수 있는 권리를 부여하는 것으로 융자금의 조기 상환 뿐만 아니라 융자단을 구성하는 일부 금융기관으로부터 지분 자산을 매입할 목적으로 사용하는 것도 가능하다.

　이상에서 살펴본 바와 같이 프로젝트 파이낸스와 이슬람금융이 비교적 잘 맞는다는 것을 알 수 있다. 물론, 이슬람금융 대상이 되기 위해서는 대상 프로젝트의 용도가 샤리아 적격이어야 한다.

4

이슬람금융 도입 관련 과제

우리나라에서 이슬람금융이 활성화되기 위해서는 첫째, 이슬람 금융 활성화의 주역인 금융기관 차원에서는 이슬람금융 전담팀 구성과 전문 인력의 확보가 필요하다. 이슬람금융은 그 독창성으로 인해 샤리아 학자 및 이슬람금융 전문 인력을 필요로 한다. 특히 샤리아 학자의 유치 및 육성은 우리나라 금융기관에게 매우 중요한 과제라고 본다.

이슬람금융 상품을 개발하기 위해서는 샤리아 학자 또는 샤리아 위원회의 상품의 적격성에 대한 인증이 필수적이다. 그런데 이슬람금융의 급성장으로 인해 샤리아 위원이 될 만한 샤리아 학자가 부족한 상황이다. 샤리아 위원이 되기 위해서는 비즈니스, 금융, 법률, 영어, 샤리아에 대해 고도의 지식을 겸비할 필요가 있으나, 이러한 조건을 충족시키고 있는 샤리아 학자는 세계적으로 수십 명에 지나지 않아 만성적인 인재난이라고 할 수 있다.

따라서 단기적으로는 명망 있는 샤리아 학자를 영입해야 할 것이고, 장기적으로는 자체적으로 샤리아 학자를 육성해야 할 것이다.

이슬람금융은 이슬람법, 즉 샤리아에 따르나 구체적으로는 샤리아 학자의 해석에 따른다. 이에 따라 이슬람금융 거래의 샤리아 적격성의 판단이 국가, 지역, 종파에 따라서, 또는 샤리아 학자에 따라서 다르게 나타날 수 있는 것이다.

일반적으로 중동 지역은 동남아시아 지역보다 샤리아 적격의 판단이 엄격하다고 알려지고 있다. 이에 따라 동남아시아에서 개발, 조성된 이슬람금융 방식이 중동에서는 샤리아 부적격으로 취급되는 사례도 발생하고 있다. 따라서 특정 국가나 지역에서 완결되지 않고 복수의 지역을 거치는 금융 거래일 경우에는 이러한 점을 고려해야 할 것이다.

그리고 우리나라와 같이 이슬람금융 도입 초기인 경우에는 이름 있는 샤리아 학자들을 통해 각 지역에서 인정될 수 있는 상품을 개발하여 접근하는 것이 장기적인 측면에서 신뢰성을 얻을 수 있을 것이다.

둘째는 정부 차원에서 이슬람금융의 활성화를 위해 조세 관련, 금융법을 정비하는 일이다. 2009년 9월에 발표한 이슬람채권 지원 방안과 같은 조세 관련 법규의 개정안이 통과하게 되면 일부 이슬람금융상품의 도입이 가능하게 될 것이나, 장기적인 측면에서는 전통은행의 이슬람 창구 허용, 이슬람은행의 설립 등과 같은 금융 관련 법규의 정비가 필요할 것이다.

셋째, 학계 차원에서 이슬람금융에 대한 연구 및 전문가를 육성하기 위한 체제를 구축하는 것이 필요하다. 미국의 하버드대학, 영국의 레딩대학, 일본의 와세다대학이 이슬람금융 관련 학위 과정이나 과목을 개설하여 체계적으로 전문 인재를 육성하고 있는 점을 주목해야 한다.

그리고 이슬람금융을 활성화하는 데 있어서 자금의 유치와 자금의 운영 2가지 측면에서 이슬람금융의 활용을 검토해야 할 것이다.

첫째, 이슬람금융 방식을 통한 외자 유치의 확대이다. 자원이 풍부한 중동국의 경우 국부펀드를 중심으로 막대한 규모의 해외투자 수요가 매년 발생하기 때문에 이를 효율적으로 활용해야 할 것이다. 2007년에만 GCC 국가들은 석유나 가스 수출로 동 지역 GDP의 반이 넘는 4000억 달러 상당의 수입이 발생하였고 이 중 상당 부분은 국부펀드 등을 통해 국제 자본시장에 환류된 것으로 추정되고 있다. 그런데 이들 중동국가들은 자금 운용에 있어 이슬람금융 방식을 선호하는 경향이 커지고 있다.

앞에서 서술한 바와 같이 이슬람금융은 실물자산과 반드시 결합되어야 한다는 대원칙이 있기 때문에 부동산, 주식 등 관련 상품이 많은 편이다. 따라서 이슬람금융을 선호하는 투자자가 수용 가능한 이슬람 주식펀드, 이슬람 부동산펀드 등의 개발이 필요하다.

둘째, 이슬람금융 방식을 통해 우리나라의 금융기관들이 이슬람권에 대한 투자를 확대하는 것이다. 이슬람 지역도 현재 개발 단계로 상당한 자금 수요가 있으므로 우리 나라 금융기관이 투자처로 접근하는 것도 가능할 것이다.

중동의 사우디아라비아나 UAE, 쿠웨이트 등의 국부펀드가 부각되어 이슬람자금의 투자 유치를 생각하기 쉬우나, 이슬람권 전체적으로 볼 때는 오히려 투자 수요가 많은 편이다. 사우디아라비아의 정유시설 공사에 일본의 금융기관들이 이슬람금융 방식으로 투자한 선례가 있다.

2007년 Ibn Zahr 프로젝트(Saudi European Petrochemical Company 사)는 총 조달 자금 11억 6000만 달러(USD) 중에서 출자금이 3억 5000만 달러(USD)였고, 나머지 8억 5500만 달러(USD)를 무라바하라는 이슬람금융 방식을 통해 조달한 바 있다. 이 프로젝트의 대주단으로 이슬람은행과 함께 일본의 미즈호은행, 미츠이스미토모은행이 참가하였다. 이 프로젝트에는 우리나라의 삼성엔지니어링, 대림산업 등이 건설사로 참여하기도 했다.[3]

끝으로 장기적인 안목으로 이슬람금융에 접근할 필요가 있다는 점이다. 2008년 서브프라임 모기지 사태로 인한 금융 위기로 외환 부족 현상이 심화되자 우리 정부는 이슬람금융에 눈길을 돌렸다. 이슬람금융을 통해 외화 자금을 조달해 보자는 것이다. 공기업과 은행권에서는 이슬람채권 발행을 적극적으로 검토하였다. KOTRA에는 이슬람금융 유치를 위한 태스크포스팀이 설치되기도 했다. 하지만 외환 문제가 거의 해결된 지금, 외환 조달 창구로서 이슬람금융에 대한 수요는 많이 사라진 상황이다.

한편 금융기관들은 증권업계를 중심으로 현지 금융기관과 제휴

---

3 이슬람금융검토회, 〈이슬람금융의 형태와 동향〉, 일본경제신문출판사, 2008. pp70.

를 맺는 등 다각적인 시도를 하고 있으나 아직까지 실질적인 성과는 없는 상태이다. 그러나 우리나라에 투자되는 이슬람 인덱스펀드, 이슬람 부동산펀드나, 우리나라 투자자들이 이슬람금융 방식으로 이슬람권 자산에 투자하는 펀드가 곧 출시될 전망이다.

이슬람권은 우리와 상관습이 다르고 일 처리에 대한 속도감 등이 많이 다르다. 따라서 일시적인 자금 조달 창구가 아닌 장기적인 안목으로 이슬람금융에 접근하여야 할 것이다. 나아가 전략적으로 이슬람금융을 이용할 필요가 있는 중동 관련 사업을 하는 우리나라 기업들을 상대로 하는 기업금융 부문 등에 관심을 가져야 할 것이다. 2009년 한국전력공사가 수주한 UAE의 원자력공사(ENEC) 프로젝트 관련 자금 조달에 우리나라 금융기관들이 이슬람금융 방식으로 참가하는 방안도 가능할 것이다.

KI신서 2314

이슬람금융의 힘

1판 1쇄 인쇄 2010년 3월 8일
1판 1쇄 발행 2010년 3월16일

지은이 김종원 **펴낸이** 김영곤 **펴낸곳** (주)북이십일 21세기북스
본부장 임병주 **기획편집** 하명란 **마케팅 영업** 서재필 · 이호석 · 박정규 · 김해나
출판등록 2000년 5월 6일 제10-1965호
주소 (우413-756) 경기도 파주시 교하읍 문발리 파주출판단지 518-3
대표전화 031-955-2100 **팩스** 031-955-2151 **이메일** book21@ book21.co.kr
홈페이지 www.book21.com **커뮤니티** cafe.naver.com/21cbook

ISBN 978-89-509-2264-1 13320
책값은 뒤표지에 있습니다.